DE LA
RESPONSABILITÉ

NOTAMMENT AU POINT DE VUE

DE LA CLAUSE DE NON-GARANTIE

ET DU

FARDEAU DE LA PREUVE

EN DROIT ROMAIN ET EN DROIT FRANÇAIS

THÈSE POUR LE DOCTORAT

PAR

GEORGES ROBIN

AVOCAT A LA COUR DE PARIS

PARIS

IMPRIMERIE E. PIGELET

189-191, BOULEVARD VOLTAIRE

—

1887

THÈSE

POUR LE DOCTORAT

DE LA
RESPONSABILITÉ

NOTAMMENT AU POINT DE VUE

DE LA CLAUSE DE NON-GARANTIE

ET DU

FARDEAU DE LA PREUVE

EN DROIT ROMAIN ET EN DROIT FRANÇAIS

THÈSE POUR LE DOCTORAT

L'ACTE PUBLIC SUR LES MATIÈRES CI-APRÈS

Sera soutenu le 21 Juillet 1887, à 3 heures

PAR

GEORGES ROBIN

AVOCAT A LA COUR DE PARIS

Président : M. LYON-CAEN

Suffragants :
MM. LABBÉ,
JALABERT, *Professeurs.*
LE POITTEVIN, *Agrégé.*

PARIS

IMPRIMERIE E. PIGELET

189-191, BOULEVARD VOLTAIRE

1887

DROIT ROMAIN

CHAPITRE I

DU PRINCIPE DE LA RESPONSABILITÉ

On appelle responsabilité la nécessité juridique de réparer le dommage illicite causé à autrui.

Ce dommage peut provenir, soit d'un fait, soit d'une omission. Le caractère illicite des faits, comme des omissions, est déterminé tantôt par la loi, tantôt par les contrats. D'une façon plus générale, il résulte des obligations.

L'obligation est, comme on sait, un lien de droit, établi conformément au droit civil, qui nous astreint à nous acquitter de quelque chose envers une ou plusieurs personnes (1).

Mais ce lien de droit n'est pas toujours dénoué d'une manière satisfaisante pour le créancier. Le

(1) Inst. Pr. P. *De Oblig.*, III, 13. « Obligatio est juris vinculum quo necessitate adstringimur alicujus solvendæ rei secundum nostræ civitatis jura.» Justinien sous-entend dans cette définition l'élément relatif à la personne vis-à-vis de laquelle nous devons nous acquitter.

débiteur, en effet, pour une cause ou pour une autre, ne paye pas toujours ce qu'il est obligé à fournir. C'est ce non-payement qui constitue le dommage et qui devient la base d'une créance en réparation.

Les Romains appelaient dommage, « *damnum* », non pas la simple détérioration matérielle d'une chose, mais l'atteinte au droit d'une personne relativement à cette chose, le préjudice subi par la personne à l'occasion de la chose. C'est dans ce sens qu'est conçu un texte relatif au troisième chef de la loi Aquilia. « *Ceterarum rerum præter hominem et pecudem occisos si quis alteri damnum faxit, quod usserit, fregerit, ruperit injuria, quanti ea res erit,...... dare damnas esto* (1). »

Il résulte de là que nous ne pouvons jamais être responsables du dommage causé dans l'exercice régulier d'un droit. « *Nemo damnum facit nisi qui id fecit quod facere non jus habet* (2). » Comme application pratique de ce principe, nous pouvons citer l'hypothèse dans laquelle l'acte dommageable a été accompli sur l'ordre du juge. « *Qui jussu judicis, aliquid facit, non videtur dolo malo facere qui parere necesse habet* (3). » Le *jussus judicis* peut aussi être allégué comme cas de force majeure.

Nous n'avons, en effet, pas davantage à répondre du dommage que nous causons d'une façon non intentionnelle et purement fortuite. Gaïus nous

______

(1) D., loi 27, § 5. *Ad. leg., Aq.*, IX, 2.
(2) D., loi 151. — D., *De reg. jur.*, L, 17.
(3) Loi 167 ; D., *De reg. jur.*

dit, que celui qui, sans sa faute, cause un dommage, doit rester impuni (1).

Ainsi celui qui tue un voleur, n'encourra aucune responsabilité, s'il n'a pas eu d'autre moyen de se soustraire à ses attaques (2). Enfin, nous n'avons pas à répondre d'un dommage qui est le résultat d'une faute commise par la victime. « *Qui damnum suâ culpâ sentit nihil sentire videtur.* »

De droit commun, nous ne devons donc répondre que du dommage résultant de l'inexécution de l'obligation. Cette inexécution, on le conçoit, peut avoir trait tout d'abord à l'objet même de l'obligation, elle pourra être totale ou partielle, suivant les cas. L'inexécution peut encore s'entendre relativement au lieu ou relativement à l'époque du paiement. A ces deux derniers points de vue, l'inexécution est toujours partielle. « *Minus solvit qui tardiùs solvit.* » Mais dans chaque hypothèse, nous ne serons jamais responsables que si l'inexécution provient de notre fait, c'est-à-dire a sa cause dans notre personnalité. Au contraire, quand le dommage sera causé par un événement auquel nous serons restés entièrement étrangers, auquel nous n'aurons concouru en aucune ma-

____

(1) Itaque impunitus est qui sine culpa et dolo malo casu quodam dammum committit (Gaïus, III, 211).

(2) Qui cum aliter se tueri non possunt damni culpam dederint, innoxii sunt, vim enim vi defendere omnes leges omniaque jura permittunt. Loi 45, § 4 ; D., *Ad, leg. Aq.*, IX, 2.

nière, le bon sens et l'équité seuls indiquent que nous n'aurons à répondre de rien. Dans ces hypothèse son dit qu'il y a cas fortuit, force majeure, *casus, vis divina, vis major, fatalitas, fatum.* De nombreux textes au Digeste proclament alors l'irresponsabilité absolue du débiteur.

Nous pouvons citer quelques exemples :

Lorsqu'une personne a reçu une chose, un esclave, je suppose, à titre de prêt à usage, elle n'est pas responsable des accidents qui peuvent survenir, soit par suite de vieillesse ou de maladie, soit par suite d'un vol à main armée, soit d'une façon plus générale par suite de tout événement impossible à prévenir, pourvu bien entendu qu'on n'ait à lui reprocher aucune espèce de faute (1).

De même, le créancier gagiste n'est pas tenu de restituer au débiteur le gage, qui a péri dans des circonstances analogues (2).

Mais, en dehors de l'hypothèse du cas fortuit, nous sommes, de droit commun, responsables de toute inexécution qui nous est imputable. Il va sans dire, tout d'abord, que, si nous avons manqué à notre obligation dans le but de nuire à notre

______

(1) Loi 5, § 4. *Com. vel. contrà.* D., XIII, 6. « Quod vero senectute contigit, vel morbo vel vi latronum ereptum est : aut quid simile accidit, dicendum est nihil eorum esse imputandum ei qui commodatum accepit, nisi aliqua culpa interveniat. »

(2) Loi 6; *De pignoratione act.* C.,IV, 24, *sic.* Loi 37 ; D., XLV, 1.

créancier, nous devons l'indemniser du préjudice que nous lui avons fait subir. Et il en sera toujours ainsi, quelle que soit la forme qu'affecte le dol. L'intention de nuire peut se manifester aussi bien sous une forme positive que sous une forme négative, dans une omission comme dans un fait. Ainsi, le jurisconsulte Ulpien déclare qu'il y a dol à ne point restituer ce que l'on pourrait rendre : « *Dolo... facere videtur qui id quod potest restituere non restituit* (1). »

Nous répondons également, en principe, de toute inexécution simplement fautive.

Pour les Romains, la faute, *culpa*, entendue dans un sens large, embrasse toute la série des faits compris entre le cas fortuit et le dol. Il y a faute chaque fois que le dommage peut être imputé au débiteur, sans cependant qu'il ait été commis avec intention de nuire. Comme le dol, la faute peut se présenter avec un caractère positif ou négatif, il n'importe. On dit suivant le cas, qu'il y a faute d'omission, ou faute de commission.

La faute se modèle sur la diligence. En général, le débiteur doit apporter dans l'exécution de son obligation tous les soins d'un bon père de famille, *diligentia boni patris familias*, c'est-à-dire, d'un homme soigneux et diligent (2). Si, dans les cir-

(1) Loi. 8. § 9. D. Mandati, XVII, 1.

(2) Loi 25, Pr. D. De probat., XXII, 3. Homo diligens... et studiosus pater familias cujus personam incredibile est in aliquo facile errasse.

Loi 32 D. Deposit., XVI, 3. Ad eum modum quem hominum natura desiderat diligens.

constances données, on s'écarte de la ligne de con=
duite que suivrait un pareil homme, on doit répondre du dommage injustement causé, parce
qu'on est en faute.

Il ne nous semble pas qu'au point de vue rationnel le champ d'application de la faute doive être
aussi étendu, et souvent on prend cette expression
dans un sens plus restreint. On réserve la qualifi-
cation de fautes aux cas d'inexécution dans
lesquels le débiteur, sans commettre précisément
de dol, n'est pas exempt d'une certaine culpabilité.
Alors, la faute est uniquement la négligence ou
l'imprudence commise en parfaite connaissance
du danger éventuel qui peut en résulter, mais en
dehors de toute intention de nuire. En ce sens,
nous ne verrons pas de faute dans l'inexécution
volontaire, mais innocente d'une obligation, ce
qui a lieu, par exemple, si cette obligation était
ignorée du débiteur. En réalité, nous sommes
obligés à réparer les faits dont nous devions nous
abstenir par cela seul que nous les avons volontairement accomplis; il n'est pas nécessaire que
notre conduite soit en cela moralement coupable.
Il serait donc plus exact de dire que nous encou-
rons une responsabilité, tant à raison de nos faits
qu'à raison de nos fautes, parce qu'au fond des
choses, les cas fortuits et de force majeure étant
réservés, on s'attache plus, pour déterminer la
responsabilité, à la violation du droit de la victime
du dommage qu'à la culpabilité de l'auteur du
dommage. Pratiquement d'ailleurs, on arrive au

même résultat en étendant le sens naturel du mot faute. C'est ainsi que, pour les Romains, la simple inexécution d'une obligation constitue une faute, pourvu que cette inexécution ne soit pas fortuite. Mais cette terminologie ne nous satisfait pas. Elle est de nature à entraîner une confusion dans des hypothèses où il y a intérêt à distinguer entre le simple fait dommageable et la faute dans le sens rationnel du mot. C'est ce qui aura lieu, notamment, si les parties, modifiant au moyen d'un pacte les règles de la responsabilité de droit commun, conviennent que le débiteur ne répondra pas de sa faute. Il pourra évidemment y avoir doute sur le point de savoir si c'est dans le sens restreint ou dans le sens large qu'on a entendu le mot *culpa*. C'est pourquoi nous voudrions qu'on distinguât entre la responsabilité née du fait et la responsabilité née de la faute ; en réservant cette dernière appellation aux cas d'inexécution coupable. Pour nous, la faute est un manquement, elle ne constitue pas simplement une atteinte au droit, mais elle implique aussi un certain mépris du devoir.

Quoi qu'il en soit, nous répondons de toute inexécution non fortuite, pourvu, bien entendu, qu'elle provienne du fait du débiteur. Quand nous disons *fait*, il faut entendre le mot dans un sens large, car l'inexécution de l'obligation peut consister dans une simple omission ou dans un simple retard, *mora*. D'ailleurs, il est à peine utile de faire cette remarque, car, si l'obligation est positive, l'inexécution matérielle implique nécessairement une omission personnelle au débiteur ; si, au contraire, l'obligation est négative, il ne peut y avoir inexécution de l'obligation que s'il y a fait du débiteur.

On ne peut, en effet, se prévaloir contre lui de la contravention provenant du fait d'un tiers. Il n'en serait autrement qu'au cas où il aurait promis non-seulement son abstention personnelle mais encore l'abstention d'autrui. Alors, l'obligation serait devenue positive.

Il n'y a pas, non plus, fait du débiteur, de nature à entraîner sa responsabilité quand celui-ci n'a été que la cause matérielle de l'acte dommageable accompli en dehors de sa volonté. Pourtant, dans le très ancien Droit Romain, tout fait dommageable était rigoureusement imputable à son auteur. Ainsi celui qui, même sans faute, avait causé la mort d'autrui, subissait la peine du talion, jusqu'à ce qu'une loi plus humaine, attribuée à Numa, eût permis de racheter cette peine moyennant un bélier fourni aux proches de la victime (1). Au moyen de l'action *furti oblati*, le détenteur d'un objet volé était condamné à la peine du triple, même s'il était récéleur sans le savoir (2). En cas d'éviction, le vendeur répondait du double du prix de la chose, vis-à-vis de l'acheteur, même au cas où il était de bonne foi (3) ;

(1) Ihering oper. cit. p. 12.
(2) Gaïus, III, § 186 et 187.
(3) Paul S. R., II., 17, § 3.

etc., etc. Mais, peu à peu, le droit s'épure et la faute, comme dit Ihering, domine le droit civil tout entier. « La notion de faute est la mesure générale de la responsabilité dans le Droit Romain privé, parvenu à son développement (1). » Aussi cette manière de voir se traduit bientôt dans des formules. « *Consilium uniuscujusque, non factum puniendum est* (2). » « *In maleficiis voluntas spectatur, non exitus*. (3) » Cicéron proteste hautement contre les errements de la vieille jurisprudence, et proclame comme un principe de droit naturel qu'il ne faut punir que la pensée mauvaise, et non pas l'acte involontairement accompli : « *Hæc enim tacita lex est humanitatis ut ab homine consilii non fortunæ pœna repetatur* (4). » L'élément essentiel de la Responsabilité du dommage est donc la faute. Il ne faut pas perdre de vue, toutefois, que les Romains entendaient le mot *culpa* dans un sens excessivement large, comprenant tous les degrés qui existent entre le cas fortuit et le dol. Nous ne revenons pas sur la critique que nous avons faite du sens général attribué à cette expression.

La culpabilité, dans le sens large du mot, ou, autrement dit, l'imputabilité du fait, constitue la véritable cause de la créance en réparation du dommage. S'il arrive que nous soyons tenus de

(1) Ihering. oper. cit. p.24.
(2) Paul S.R. V. 23. § 9.
(3) Loi 14. Ad leg. Corn. de Sic XLVIII, 8.
(4) Cic. Pro. Tullio. § 51. Topica c. 17.

répondre d'un cas fortuit, c'est qu'en général, il a été précédé de quelque faute à nous imputable. C'est qu'il s'agit d'un *casus culpa aut dolo determinatus*, ou d'une perte fortuite survenue pendant la *mora*. Ainsi, lorsqu'une personne emprunte de l'argenterie pour une réception, si elle emporte en voyage les objets prêtés, il est hors de doute qu'elle répondra de la perte survenue par suite d'un naufrage ou d'un vol des pirates. *Alioquin si cui idèo argentum commodaverim, quod is amicos ad cœnam invitaturum se diceret et id peregre secum portaverit, sine ulla dubitatione, etiam piratarum, et latronum, et naufragii casum prœstare debet* (2). Nous avons encore à répondre du cas fortuit, lorsque contractuellement nous en avons assumé la charge (1). Mais, en pareil cas, il y a obligation conditionnelle et non pas responsabilité. La réclamation du créancier est alors fondée sur le lien de droit initial en dehors de toute idée de culpabilité. Elle résulte de l'exercice normal et régulier de l'obligation contractuelle, et n'implique en aucune façon l'existence d'un fait illicite imputable au débiteur. Théoriquement, il est intéressant de distinguer l'obligation initiale de la responsabilité. Dans le premier cas, nous sommes débiteurs par la toute-puissance de la loi ou du contrat, source des obligations; dans le second, nous ne sommes tenus de quelque chose,

____

(1) Loi 18, princip. in fine. Commodati D. XIII, 6.
(2) Loi 27, De reg. juris., D. L., 17.

que si nous avons commis une faute. Dans les contrats, dit Ihering, l'idée de faute est accidentelle, tandis qu'elle est essentielle dans les délits. La remarque est exacte, mais il faut bien se garder d'exagérer cette idée. Il ne faut pas confondre les délits avec la loi : ils sont à la loi ce que la faute contractuelle est au contrat. Il ne faut pas oublier que la loi, par elle-même et par elle seule, peut engendrer des obligations, ni que celui, au profit de qui ces obligations sont nées, peut en exiger le paiement, sans être tenu de prouver l'existence d'une faute commise par son débiteur. Les filles avaient, d'après une constitution impériale, le droit d'exiger une dot de leur père. « *Qui dotem dare non volunt ex constitutione divorum Severi et Antonini per proconsules præsidesque provinciarum coguntur in matrimonium collocare et dotare* (1). » Les parents et les enfants étaient tenus réciproquement, les uns vis-à-vis des autres, de l'obligation alimentaire : « *Parentum necessitatibus liberos succurrere justum est. Competens judex a filio te ali jubebit, si in ea facultate est ut tibi alimenta præstare possit* (2). » Chaque personne devait se prêter aux perquisitions de la victime d'un vol, à peine d'être tenue de l'action *furti prohibiti :* « *Est etiam prohibiti furti actio adversùs eum qui furtum quærere volentem prohibuerit* (3).

(1) Loi 19, De ritu nuptiarum.
(2) Loi 1 C de alendis liberis ac parentibus. L. 5, T. XXV; loi 2. eod tit.
(3) Gaïus, C. III, § 188 et suiv. Justinien, Inst., L. IV, t. I, § 4.

La Loi par elle-même et par elle seule, peut donc, comme le Contrat, engendrer des obligations diverses, abstraction faite de toute idée de faute.

Nous en avons terminé avec l'étude du principe de la responsabilité, et l'examen des idées générales qui s'y rattachent. Nous avons vu comment la responsabilité, tout en se distinguant de l'obligation, n'en est en réalité qu'un corollaire. C'est l'obligation primitive, contractuelle ou légale, combinée avec un élément nouveau, la faute, autrement dit l'inexécution dolosive, coupable ou, tout simplement, non fortuite de l'obligation.

Nous allons rechercher maintenant s'il peut y avoir intérêt à distinguer les différents cas de responsabilité, mais sans nous arrêter aux différences de détail, qui résultent, pour la plupart, de règles arbitraires du droit positif.

Des jurisconsultes contemporains prétendent qu'en Droit Français il importe énormément de distinguer les cas de responsabilité suivant la source des obligations. Cette doctrine ne nous paraît pas exacte. Nous allons montrer ici qu'elle n'a jamais été proposée par les jurisconsultes romains.

Les obligations initiales naissent toutes de la Loi ou du Contrat. La Responsabilité dérive toujours d'un délit ou d'une faute contractuelle.

Toute obligation initiale ou dérivée résulte donc du Contrat ou de la Loi.

Cette classification est générale; elle est préférable à celles qu'emploient souvent les jurisconsultes lorsqu'ils ramènent toutes les obligations à deux sources, le Contrat et le Délit (1).

Si, négligeant l'obligation initiale, on parle simplement de responsabilité, on peut dire que les cas de responsabilité se ramènent à deux : la faute contractuelle et la faute délictuelle, en entendant cette expression d'une façon large, dans le sens d'inexécution de toute obligation légale.

Il y avait à Rome divers intérêts considérables à distinguer entre l'action née d'un contrat et l'action née d'un délit ; la première était *reipersecutoria*, tandis que la seconde était pénale ; mais, au point de vue de la responsabilité proprement dite, il n'y avait pas de différence.

En effet, écartons l'idée de peine et les conséquences qu'elle entraîne, la réparation du dommage illicite doit avoir lieu chaque fois qu'une faute a été commise ; peu importe que ce soit au cours de l'exécution d'une obligation ou en dehors de toute obligation contractuelle préexistante.

On prétend à tort que les obligations entre co-contractants doivent avoir des effets différents de celles qui existent entre étrangers. D'abord ceux que l'on est convenu d'appeler étrangers ne le sont pas véritablement. Ils sont citoyens d'une même cité , régis par les mêmes institutions ; ils sont liés par la loi, au lieu de l'être par un contrat.

(1) Inst., § 2, T. XIV. *De oblig.* Gaïus, III, § 88, IV, § 2. Loi 1 pr. D. *De oblig. et act,* XLIV, 7. « Obligationes aut ex contractu nascuntur, aut ex maleficio, aut proprio quodam jure ex variis causarum figuris. »

La Loi constitue un trait d'union au même titre que le Contrat.

C'est pourquoi nous pensons qu'il n'existe entre les obligations qu'ils font naître aucune différence essentielle.

La loi ne diffère guère du contrat que par la généralité de ses termes. Elle crée des obligations communes, les mêmes pour tous. Celsus nous dit : « Les lois disposent en vue des hypothèses courantes, mais elles ne sont pas faites pour les cas exceptionnels (1). » Ces cas, à leur tour, sont prévus par les contrats. Le Contrat se manifeste alors comme une sorte de développement de la Loi. Dans tous les cas il ne vaut que par elle ; la loi est la cause première de toutes les obligations, et toutes les autres sources, toutes les *variæ causarum figuræ* n'en sont que des émanations plus ou moins médiates, plus ou moins indirectes. Les contrats ne peuvent engendrer un lien de droit qu'autant qu'ils remplissent les conditions légales. D'ailleurs la loi et le contrat se coudoient en quelque sorte, et se pénètrent continuellement. Le dol, qui est toujours répréhensible en lui-même, peut, lorsqu'il est commis dans l'exécution d'une obligation contractuelle, être réprimé par l'action du contrat, comme par l'action *de dolo*. Une foule de textes, au Digeste, nous montrent le concours

____

(1) Ad ea potius debet aptari jus qnæ et frequenter et facile quam quæ perraro eveniunt. » Celsus, loi 4. D. De legibus, I, 3. Voir encore, loi, 3, eod. tit.

de la responsabilité Aquilienne et de la responsabilité contractuelle.

Nous allons simplement citer à titre d'exemple une hypothèse prévue et décrite par Ulpien.

Une personne donne à un artisan une coupe de marbre à ciseler. Au cours du travail, la coupe est brisée ; si le bris provient d'un vice propre du marbre, d'une veine, par exemple, l'artisan peut être excusé, mais si l'accident est le résultat d'une maladresse, il sera responsable tant en vertu du contrat, que de la loi Aquilie ; sauf convention contraire (1).

On voit par là que la loi, comme le contrat édicte pour le même fait, la responsabilité de l'artisan. L'action de la loi Aquilie a un caractère pénal, qui aura peut-être pour effet de majorer la condamnation aux dommages-intérêts ; mais elle est parfois moins avantageuse que l'action du contrat. Dans tous les cas, il n'en est pas moins vrai que la loi comme le contrat oblige le débiteur à répondre du même fait. Au point de vue du principe même de la responsabilité, il n'y a donc point de différence. Nous verrons qu'il n'y en a pas davantage aux deux points de vue spéciaux auxquels par la suite nous aurons à nous placer. Toutes les divergences, que l'on pourrait signaler, tiennent en somme à ce que, chez les Romains, la peine était confondue avec la réparation.

Il est donc certain que la loi et le contrat peu-

(1) Loi 27, § 29. Ad. leg. Aq. IX, 2, et passim. Voir infrà, chapitre II.

vent remplir les mêmes fonctions. Gaïus (1) constate l'identité du résultat obtenu soit par l'action du mandat, soit au moyen du deuxième chef de la loi Aquilie, qui, l'un et l'autre, frappaient « *l'adstipulator qui pecuniam in fraudem stipulatoris acceptam fecerit.* » Il ne mentionne entre ces deux actions qu'une différence purement arbitraire : l'action de la loi Aquilie tendait au double, au cas de dénégation du défendeur.

L'assimilation que nous nous efforçons d'établir est encore fortifiée par l'étude du développement historique de certains rapports conventionnels. Ihering nous dit que « la plupart des rapports, après avoir été traités à l'origine comme des délits, n'ont pris que peu à peu le caractère de demandes réipersécutoires. » Il en est ainsi notamment des actions contre le *mensor*, contre les *nautæ*, *caupones in duplum*, etc. Ihering cite encore la tutelle, le mandat, la société, la fiducia et le dépôt. C'est ce qui nous explique le caractère pénal de certaines actions contractuelles(2).

Aussi n'insisterons-nous pas davantage sur l'identité de nature de la loi et du contrat. L'obligation est l'obligation, quelle que soit sa source. Le contrat n'est qu'une extension de la loi. En ce sens, l'obligation est toujours légale.

Au point de vue des principes, il n'y a pas d'intérêt à rechercher la filiation d'une obligation.

(1) Gaïus III, 215, 216.
(2) D. Loi 23, § 4, de æd ed. XXI, 1. « Quamvis enim pœnales videantur actiones, tamen. . . . ex contractu veniurt. »

Dès qu'elle existe, cela suffit; peu importe d'où elle dérive : elle constitue toujours, comme dit Justinien, un lien de droit qui nous oblige à faire ou à nous abstenir.

L'unité de nature des obligations implique nécessairement l'unité de responsabilité. La faute, en effet, est toujours la faute ; c'est tout écart de la ligne de conduite suivie par un bon père de famille. La loi crée des obligations ; la convention les modifie, les étend ou les supprime; elle augmente ou elle restreint la liste des actes illicites.

Mais, quand un acte illicite est accompli, il y a responsabilité, car il y a faute, et il n'y a aucune distinction à faire d'après la nature du titre qui a déterminé le caractère illicite du fait dommageable accompli.

Cependant, tous les systèmes qui ont été soutenus sur la prestation des fautes et dans l'étude desquels nous n'avons pas à entrer (1), établissent

(1) Voir Ducrocq. *Théorie des fautes dans les délits, quasi-délits, contrats et quasi-contrats.*

D'après une théorie reçue depuis le temps des glossateurs, on distinguait trois degrés de fautes: *culpa lata, levis, levissima.* Le débiteur contractuel, qui ne retirait aucun avantage de l'obligation, répondait uniquement de la *culpa lata;* il était tenu de la *culpa levis* quand le rapport obligatoire existait dans l'intérêt des deux parties; enfin quand le contrat était uniquement à son avantage, il répondait même de la *culpa levissima.* Cette théorie trop ingénieuse pour être vraie est condamnée depuis longtemps. Elle a été combattue par Doneau, Lebrun et Hasse. Aujourd'hui tout le monde s'accorde à reconnaître qu'il n'existe en réalité que deux degrés de fautes: la faute lourde et la faute légère, et une distinction entre la responsabilité délictuelle et la responsabilité contractuelle.

Dans la première hypothèse, le débiteur répond de toute espèce de faute. « *Ad legem Aquiliam et levissima culpa venit*(1) ; » tandis que dans la seconde, il répond, tantôt de sa faute lourde, tantôt de sa faute légère, suivant différentes distinctions (2). Mais cela ne prouve rien contre notre système. Cette façon d'exprimer les choses est incorrecte, et l'on ne doit pas entendre au pied de la lettre l'expression : *irresponsabilité des fautes*. Quand on parle ainsi, on confond l'effet et la cause, et l'on dit irresponsabilité des fautes, alors qu'on devrait dire *absence d'obligation ;* car, il n'y a pas de faute sans responsabilité. Aussi, lors-

que la *culpa levis* ne diffère en aucune façon de la *culpa levissima*.

(1) Loi 44 D. Ad. leg. Aq., IX, 2. Cette règle n'est pas aussi absolue qu'elle semble l'être. Il résulte, en effet, de la loi 31, au même titre, que, dans certaines hypothèses, l'action de la loi Aquilia n'est donnée que contre l'auteur d'un dol.

(2) La distinction à laquelle on s'arrête aujourd'hui est la suivante : si le débiteur ne retire aucun avantage de l'obligation, il n'est tenu que de sa *culpa lata*. Cependant, le gérant d'affaires répond de toute faute, et les tuteurs et curateurs ne peuvent s'en exonérer qu'en prouvant qu'ils ont apporté dans leur gestion *diligentiam qualem suis rebus adhibere solent*. Si le débiteur tire ūn profit de l'engagement il répond de sa *culpa levis*. Toutefois le précariste ne répond que de son dol. Cette responsabilité de droit commun est encore atténuée en ce qui concerne le mari dans l'administration de la dot, l'associé et le communiste dans la gestion des intérêts sociaux ou communs. Ces personnes ne sont tenues que de la *diligentia quam suis rebus*.

qu'on exprime le contraire, on veut simplement dire que tel fait ou telle omission dommageable n'est pas illicite, et qu'en conséquence l'auteur n'en répond pas. Il n'y a pas de responsabilité parce qu'il n'y a pas de faute, et il n'y a pas de faute parce qu'il n'y a pas d'obligation.

Nous pouvons conclure de ce qui précède qu'il n'y a entre la faute contractuelle et la faute délictuelle aucune différence de nature à légitimer une distinction rationnelle entre ces deux sources de la responsabilité.

Ce qu'il importe de distinguer, c'est la responsabilité de l'obligation proprement dite.

L'obligation, nous le disions au début, c'est la nécessité voulue, ou tout au moins prévue par les parties, de donner, de faire ou de ne pas faire quelque chose.

La responsabilité, au contraire, c'est une obligation spéciale qui n'est comprise que d'une façon virtuelle dans l'obligation originaire, sur laquelle la prévision des parties n'a pas porté nécessairement. Elle a un caractère de sanction. Elle est potestative, dans une certaine mesure. Le débiteur n'en est tenu que pour n'avoir pas exécuté l'obligation initiale. Son caractère est très nettement indiqué dans une formule que nous empruntons à M. Ducrocq (1) : « L'homme est, en principe, responsable de ses actes, parce qu'il est doué de liberté et de volonté pour les éviter ou les accomplir, et

----

(1) Ducrocq, oper cit., p. 3.

de raison, pour les diriger. C'est dans l'alliance de
la liberté et de la raison que se trouve la cause de
l'imputabilité des actes humains. « Mais cela a
lieu, quelle que soit la matière dans laquelle on
se trouve, que l'acte prohibé le soit de par la loi ou
de par le contrat. Nous réservons, bien entendu,
les conséquences pénales que l'acte illicite pouvait
avoir dans certains cas. Aussi est-ce à ce point de
vue tout spécial que se place Justinien, lorsqu'il
dit : « *Plurimum interest utrum ex delicto, aliquis,
an ex contractu debitor sit* (1); » car, au point de vue
des conséquences purement civiles de la dette, il
n'y a aucune différence à noter. Il n'y a pas à tenir
compte du mode de calcul spécial des dommages-
intérêts dans les actions pénales ; en pareille hypothèse, l'indemnité se trouve confondue avec une
peine ; mais l'estimation du *quanti interest* proprement dit est la même dans tous les cas (2).
D'ailleurs, la confusion de l'amende et de la réparation est trop connue pour faire un instant illu-
sion.

Nous allons voir que la distinction en responsabilité contractuelle et délictuelle est sans objet
relativement à la non-garantie conventionnelle et
au fardeau de la preuve. Les distinctions dont

(1). Inst., livre IV, tit. XVI, § 2 in fine. De pœn. tem. lit.
Sic Gaïus, IV, § 181.

(2) Hors le cas d'une fixation conventionnelle des dommages-intérêts il faut recourir à une expertise. Quatenùs cùjus
intersit in facto non in jure consistit. Paul, l. 24, D. *De
reg. juris.* L. 17.

nous aurons à user en ces matières ont trait en ce qui concerne le premier point de vue au plus ou moins de gravité des fautes, et en ce qui concerne le second, au caractère positif ou négatif de la faute dont on demande réparation en justice.

CHAPITRE II

DE L'IRRESPONSABILITÉ CONVENTIONNELLE

Nous avons posé les règles de la responsabilité dans les obligations. Ces règles n'ont pas toutes un caractère absolu.

Les causes de la responsabilité ne sont fixées par la loi que pour suppléer au défaut de convention des parties à cet égard. « *Lex est commune prœceptum..... communis respublicœ sponsio* » (1). Les intéressés peuvent, en principe, modifier à leur gré, les règles du droit commun.

Nous ne nous occuperons pas de toutes les conventions relatives à la mesure de la responsabilité. Nous nous attacherons spécialement aux clauses élisives ou limitatives, « *quœ detrahunt non adjiciunt aliquid obligationi* (2). »

En principe, la clause de non-garantie est licite. Au point de vue rationnel, cela ne souffre aucune difficulté. Nous comprenons à merveille que les parties soient maîtresses de leurs intérêts. Il n'y a là qu'une application particulière du principe général de la liberté des conventions. Ce droit

(1) Pap. Loi 1., D. I, 3, *De legibus*.
(2) Pap. Loi 72, pcip. XVIII, 1. *De contr. empt,*

naturel est sanctionné par les lois romaines. Il y a, au Digeste, une foule de textes qui visent expressément l'hypothèse de l'exonération conventionnelle de la responsabilité de droit commun. Nous pouvons, tout d'abord, citer en ce sens une loi célèbre, la loi *Contractus* qui, après avoir établi les limites de la responsabilité normale, réserve le cas d'une convention contraire. « *Nisi si quid nominatim convenit vel plus vel minus in singulis contractibus, nam servabitur quod initio convenit : legem enim contractus dedit* » (1). Ce fragment d'Ulpien a été inséré par les compilateurs au titre: *De regulis juris :* il formule bien, une règle générale de droit. Il existe, du reste, nombre d'autres textes qui visent la même clause dans des cas particuliers. Ainsi, sans parler d'un fragment d'Ulpien qui autorise l'aggravation de la responsabilité du dépositaire (2), nous pouvons citer une loi de Paul, d'après laquelle il est très licite d'atténuer la responsabilité soit du vendeur, soit de l'acheteur. « *In emptionibus scimus quid prœstare debitor debeat quodque ex contrario emptor ; quod si in contrahendo aliquid exceptum fuerit id servari debebit* (3). Enfin, l'édit du préteur proclame, d'une façon générale, le principe de la liberté des conventions (4).

(1) Loi 23. *De reg. jur.* L, 17.
(2) Loi 1, § 6, Dep. XVI, 3.
(3) Loi 43, De pacti·, II, 14.
(4) Ait Prætor : Pacta conventa quœ neque dolo malo, neque adversus leges, plebiscita, senatusconsulta, edicta

Mais cette liberté est-elle aussi grande en matière d'obligation légale qu'en cas d'obligation contractuelle ? D'après les principes que nous avons posés ci-dessus, nous pourrions, même *a priori*, répondre d'une façon affirmative, car les obligations légales n'ont pas, en général, un caractère plus absolu, plus nécessaire, que les obligations contractuelles. Si la loi a établi des ordres et des prohibitions, elle a aussi créé des droits purement facultatifs « *Legis virtus est : imperare, vetare, permittere* (1). » En principe, les parties sont maîtresses des obligations qui les unissent, et elles peuvent déroger aux unes comme aux autres, suivant qu'il leur convient. Telle est, d'ailleurs, la doctrine admise par les jurisconsultes Romains. Des lois formelles établissent, en effet, qu'on peut s'exonérer conventionnellement des conséquences d'une faute délictuelle.

Rationnellement, cette solution est juste. On peut dire de plus qu'elle était nécessaire, étant donnée la confusion qui existait à Rome entre la matière des délits et celle des contrats. Nous avons déjà vu comment, pour un même fait et dans certains cas, pour une même omission, une personne pouvait être à la fois tenue, tant de l'action du contrat que de l'action du délit. Nous avons déjà montré, notamment, comment l'ouvrier à façon était à la fois soumis à l'action *locati* et à l'action

principum, neque quo fraus cui eorum fiat, facta erunt, servabo. Loi 7, § 7, De pactis, II, 14.

(1) Modestin. Loi 7, I, 3 *De Legibus.*

de la loi Aquilie, quand il avait détérioré la matière première à lui confiée. Ce cumul de responsabilités est critiquable au premier chef. La loi
Aquilia n'aurait dû servir à régler que les rapports entre étrangers. En effet, la situation de fait
est toute différente, suivant que nous nous trouvons, ou non, en présence de contractants. Si, par
une maladresse quelconque, je brise un bloc de
marbre appartenant à autrui, sans être préalablement entré en relation avec le propriétaire de ce
marbre, je comprends la responsabilité Aquilienne, qui est sévère, mais qui n'est pas injuste.
Lors, au contraire, que c'est le propriétaire lui-
même, qui m'a mis en contact avec le marbre, le
bris du marbre est moins répréhensible ; le propriétaire, dans une certaine mesure, a été imprudent, tout le premier, en confiant son travail à un
ouvrier incapable. Dans tous les cas, par le seul
fait du contrat, on eut dû considérer comme tacitement entendu qu'on ne pourrait encourir, au
maximum, qu'une responsabilité contractuelle. Il
est invraisemblable de supposer qu'en acceptant
l'ouvrage, l'ouvrier ait voulu s'obliger aux dommages-intérêts calculés d'une façon rigoureuse
suivant la loi Aquilia. Il est monstrueux de ne pas
reconnaître que le contrat nove, en quelque sorte,
l'obligation négative de la loi Aquilie. Il est anti-
juridique de ne pas substituer la responsabilité du
contrat à celle de la loi.

Les Romains, d'ailleurs, l'avaient bien compris,
sinon en ce qui concerne la peine ajoutée aux

dommages-intérêts, dans le cas d application de
la loi Aquilie, au moins au point de vue du principe même de la responsabilité. Ils avaient reconnu cette espèce de novation tacite résultant
du contrat, en tant qu'elle avait pour effet d'exonérer le débiteur de sa faute légère, si, d'après le
contrat, il ne devait être tenu que de sa faute
lourde. On a voulu du moins tirer argument en ce
sens d'un texte du jurisconsulte Alfenus (1). C'est
ce qu'a fait M. Troplong (2). Le jurisconsulte Romain suppose qu'une maison vendue et non
livrée a été incendiée entre les mains du vendeur.
Celui-ci ne sera évidemment tenu que s'il est en
faute ; mais de quelle faute répondra-t-il ? Alfenus décide qu'il sera tenu de sa faute légère.
M. Troplong conclut de là que la responsabilité
Aquilienne est écartée parce que le jurisconsulte
Romain n'impose pas au vendeur les soins du *dili-
gentissimus pater familias*, parce qu'il ne le rend
pas responsable de sa *culpa levissima*. Mais M. Troplong interprète ce texte d'après la théorie condamnée des trois fautes ; et, si, comme on le pense
communément aujourd'hui, il y a identité absolue
entre la *culpa levis* et la *culpa levissima*, la loi
d'Alfenus, est loin d'être aussi concluante qu'on
veut bien le dire, car, dans l'hypothèse d'Alfenus,

____

(1) Si venditor eam diligentiam adhibuisset in insulâ cus-
todiendâ quam debent homines frugi et diligentes prœstare,
si quid accidisset nihil ad eum pertinebit. Loi 11, *De peric
et com, rei venditæ*.

(2). Troplong. *Louage* II, n⁰ 467.

la responsabilité au cas de vente est aussi étendue que celle de la loi Aquilia.

Néanmoins, nous acceptons la solution de M. Troplong, tout en rejetant ses motifs. Il est impossible, comme le pense Merlin (1), que, dans toute espèce de contrat, le débiteur soit tenu d'après la loi Aquilia de sa faute légère, si cette faute consiste *in faciendo*. Car, s'il en eût été ainsi, la distinction des fautes positives et des fautes négatives eût été bien autrement mise en relief qu'elle ne l'a été. Si les cas de responsabilité Aquilienne eussent continué à exister dans les contrats, la théorie de la prestation des fautes eût été presqu'entièrement bouleversée, car ce n'est pas seulement aux fautes de commission proprement dites que s'applique la loi Aquilia, elle vise encore certaines omissions : elle punit la négligence du médecin qui abandonne une cure entreprise (2). Elle frappe de même l'impéritie du muletier qui ne peut retenir ses mules, ou du cavalier qui ne peut maîtriser son cheval : l'un et l'autre ont à répondre du dommage causé par leurs animaux (3). D'une façon plus générale, il

(1) Merlin, *Répert.*, V. *Incendie*, § 2, n° 7. Ce jurisconsulte se place dans l'hypothèse d'un louage.

(2) Qui bene secuerit, et dereliquit curationem, securus non erit, sed culpæ reus intelligitur. Loi 8, pcip. Ad. leg., Aq. IX, 2.

(3) Mulionem quoque si per imperitiam mularum impetum retinerc non potuerit, si eæ alienum hominem obtriverint, vulgo dicitur culpæ nomine teneri. Gaïus, loi 8, § 1., Ad. leg. Aq. IX, 2.

n'y a guère que les omissions pures que la loi Aquilia n'atteigne pas. Elle frappe toutes les fautes qui, de près ou de loin, impliquent un fait positif de la part du délinquant. Aussi, pensons-nous qu'à raison même de sa généralité, les cas de responsabilité qu'elle édicte ne concourent pas avec les cas de responsabilité contractuelle. Tous les textes déjà cités, qui proclament le concours de l'action délictuelle et de l'action du contrat, doivent être interprétés d'une façon restrictive, et en ce sens simplement que les dommages-intérêts, lorsqu'il en sera dû par suite d'une faute commise dans l'exécution du contrat, pourront être calculés d'après le tarif de la loi Aquilie.

Un pareil empiètement nous semble déjà irrationnel ; nous ne l'étendrons donc pas au-delà des limites nécessaires imposées par les textes. « *Quod contra rationem juris receptum est non est producendum ad consequentias* (1). Cette interprétation restrictive a été adoptée par M. Labbé. L'éminent jurisconsulte estime en effet : « qu'entre personnes unies par un contrat, la responsabilité des fautes, le dol et la faute grave exceptés, est limitée à la mesure résultant du contrat, soit en vertu de sa nature, soit en vertu d'une clause accidentelle. L'action de la loi Aquilie subit cette limite ; elle ne conserve son indépendance et la liberté de son allure propre que dans les rapports avec les tiers, entre personnes qui ne sont

____

(1) Loi 141. *De reg. jur.*, L, 17.

pas liées par un contrat » (1). L'empiètement partiel de la loi Aquilie sur le domaine du contrat tient probablement, comme le pense M. Labbé, à des raisons historiques (2) : la loi Aquilie est probablement « antérieure (3) à l'introduction des contrats non solennels munis d'actions de bonne foi. » On conçoit donc qu'au début, cette loi ait été appliquée à toutes les hypothèses visées par elle, sans qu'il y ait eu lieu de rechercher, si, ou non, les parties avaient été préalablement liées par une convention. Plus tard, dans les actions de bonne foi, l'office du juge put servir à la réparation des fautes commises ; cependant, comme par le passé, on continua à appliquer la loi Aquilie, au moins en ce qui concerne le calcul des dommages-intérêts. Mais si les actions de bonne foi eussent été contemporaines de la loi Aquilie, il est à croire que les Romains l'eussent entièrement bannie du domaine des relations contractuelles.

La convention d'irresponsabilité des fautes délictuelles était donc plus utile encore dans la législation Romaine que dans toute autre, puisqu'il existait une certaine confusion entre le domaine de la loi et celui du contrat ; confusion partielle, suivant nous, confusion totale suivant Merlin. Quoiqu'il en soit, nous trouvons des textes qui mettent

(1) Labbé. *Annales de D. Commerc.*, janv. 1887, n° 3, p. 186.
(2) Labbé. *loc. cit*
(3) Erwin Grueber (*The lex Aquilia*, p. 3), pense que la date de ce plébiscite doit se placer en l'an 467 av. J. C. : « Very likely it was this very year in which the lex Aquilia was passed. »

hors de doute la légitimité d'une pareille convention.

Nous pouvons à cet égard citer la loi d'Ulpien, à
laquelle nous avons déjà fait allusion. « *Si calicem
diatretum faciendum dedisti, si quidem imperitia
fregit damni injuria tenebitur : si vero non imperitia fregit, sed rimas habet vitiosas, potest esse
excusatus : et ideo plerumque artifices convenire
solent cum ejus modi materiæ dantur, non periculo
suo se facere, quæ res ex locato tollit actionem et
Aquiliæ* (1). Le jurisconsulte affirme, dans ce fragment, non-seulement la possibilité de la convention d'exonération, mais encore sa fréquence.
Cette convention était si naturelle qu'elle n'avait
même pas besoin d'être faite en termes exprès ;
l'ouvrier stipulait *non periculo suo se facere* ; et
du même coup il écartait la responsabilité née du
contrat de louage et celle qui résultait de la loi
Aquilia (2). Cela démontre bien d'une façon formelle que la responsabilité délictuelle n'était pas
en principe, inéluctable, et qu'elle n'existait que
sauf le cas de convention contraire de la part des
intéressés.

Ce texte, en effet, prouve encore autre chose ;
il établit bien mieux que la loi d'Alfenus, citée par
M. Troplong, le non-cumul des causes de responsabilité. Les parties ont fait un contrat de travail

(1) Loi 27, § 29. Ad. leg, Aq. IX, 2.
(2) Erwin Grueber op. citat. page 105. « They will not do it
at their own risk and this agreement supersedes the actio
ex locato as vell as the actio legis Aquiliæ. »

à façon, elles conviennent que l'ouvrier ne répondra pas de sa faute, eh bien, cela suffit, nous dit Ulpien, pour qu'au cas de faute, l'action de la loi Aquilie soit écartée. Cela nous montre bien que, dans toutes les hypothèses, il faut rechercher ce à quoi le contrat nous oblige, soit d'après le droit commun, soit d'après une clause expresse. Si le débiteur enfreint la loi du contrat, il pourra encourir et la responsabilité contractuelle et la responsabilité aquilienne ; s'il exécute ponctuellement le contrat, il n'encourra ni l'une ni l'autre de ces deux responsabilités. Le texte indique que là ou il n'y a pas place pour la responsabilité contractuelle, il ne saurait être question de responsabilité aquilienne.

La convention d'irresponsabilité des fautes délictuelles semble donc aussi licite qu'une clause de non-garantie en matière purement contractuelle.

Cependant, on rencontre dans les compilations de Justinien un grand nombre de textes qui semblent faire échec à cette doctrine. « Les pactes ne peuvent, en aucune façon, déroger aux règles du droit civil, » nous dit Gaïus. « *Contrà juris civilis regulas pacta conventa rata non habentur* (1). » Nous lisons de même au Code « *Pacta quae contrà leges constitutiones que vel contrà bonos mores fiunt, nullam vim indubitati juris est* » (2) etc.

(1) Loi 28. D. De pactis II, 14.
(2) Loi 6. C. De pactis II, 3.

etc (1). Mais tous ces textes n'ont point la portée
générale qui semble résulter de leurs termes, et,
comme dit M. Labbé, si on les interprète à la
lettre, on tombe dans l'erreur. Tous ces fragments
ont uniquement pour but de montrer qu'à la liberté des conventions il y a une limite ; mais
cette limite n'est point celle que leurs termes paraissent indiquer. Il s'en faut, en effet, nous l'a-
vons déjà remarqué plusieurs fois, que toutes les
dispositions de la loi soient d'ordre public, c'est-à-
dire en dehors des atteintes des particuliers. La
distinction qu'il faut suivre à cet égard résulte
bien nettement d'un autre texte d'Ulpien dans
lequel il oppose les prescriptions ayant pour but
de prévenir un désordre public ou de sauvegarder
un intérêt particulier (2).

C'est là que se trouve la véritable ligne de dé-
marcation. Nous pouvons pactiser comme bon
nous semble sur ce qui nous appartient en propre,

____

(1) Loi 27 § 4 D. II, 14. Pacta quœ turpem causam continent non sunt observanda, veluti si paciscar ne furti agam
vel injuriarum, si feceris. Expédit enim timere furti vel injuriarum pœnam. Sed post hœc admissa, pacissi possumus.

Loi 27, D. *De reg. juris.* 50, 17. Actionum modus vel lege
vel per prœtorem introductus privatorum pactionibus non
infirmatur.

Loi 7, § 7 D. II, 14.

(2) Loi 7, § 14. D. *De pactis* II, 14. « Si paciscar ne operis
novi nunciationem exsequar : quidam putant non valere
pactionem, quasi in ea re Prœtoris imperium versetur. Labeo
autem distinguit ut si ex re familiari operis novi nunciatio
sit facta, liceat pacisci : si de re publica, non liceat : quœ
distinctio vera est.

quand notre intérêt privé seul se trouve engagé, nous pouvons, par avance, renoncer à une action éventuelle en responsabilité contre un tiers. « *Regula est juris antiqui omnes licentiam habere his quæ pro se introducta sunt renuntiare* »(1). Mais quand le droit auquel nous voulons renoncer ne nous appartient plus en propre, il est logique que le législateur nous retire cette faculté.

Quant à la détermination de ce qui est d'ordre public ou d'ordre privé, c'est une question dont la solution varie suivant les peuples, suivant les temps et suivant les différentes latitudes, mais la notion même d'ordre public se rencontre partout. « Dans toute communauté d'individus, fût-ce seulement celle de la famille, on trouve le germe et l'instinct de l'ordre ; et plus encore, il n'y a dans l'état passager de désordre et d'anarchie, dans les luttes, dans les convulsions et dans les tempêtes qui visitent la société, autre chose que la recherche de l'ordre, la fluctuation et l'effervescence des éléments qui se combinent légalement entre eux » (2).

Nous n'avons pas l'intention de rechercher quelles sont les hypothèses dans lesquelles l'ordre public fait obstacle à la validité des conventions. Mais sans sortir du domaine de la responsabilité des fautes, nous allons examiner quelles sont

(1) Loi 29. C. De pactis, II,3.
(2) Ihering *Esp. du Droit Romain*, Trad. O. de Meulenaere Tome I, page 178. .

celles dont on ne pourrait s'exonérer conventionnellement sans froisser l'ordre public.

D'abord, il va sans dire qu'il en est ainsi du dol. Il est, en effet, immoral au premier chef de convenir que l'on ne répondra pas de son dol, et il est impossible de concevoir une société dans laquelle une pareille convention serait licite. Aussi le jurisconsulte Ulpien, après avoir décrit la responsabilité de droit commun et posé le principe de la liberté des conventions, réserve expressément le cas de dol..... « *excepto eo quod Celsus putat non valere, si convenerit ne dolus præstetur ; hoc enim bonæ fidei judicio contrarium est : et ita utimur* » (1). Paul fait précisément la même remarque d'une façon plus particulière en ce qui concerne le commodat : « *In commodato pactio ne dolus præstetur rata non est* » (2).

Ces solutions sont absolument conformes à la plus saine morale.

Faber fait cependant remarquer, en faveur de la validité de ces clauses, que rien n'est si légitime que de s'en tenir aux pactes conclus, qu'il n'y a peut-être pas lieu de prendre en considération le dommage éventuel que pourra subir le créancier auquel il oppose la maxime : *Volenti non fit injuria*. Néanmoins, il se prononce pour

(1) Loi 23. Digeste, *De reg. juris.*, L, 17.
(2) Loi 17 pcip.. D., *Commod.*, XIII, 6.
Loi 1, § 7. D., *Depositi*, XVI, 3. « Illud non probabis non dolum esse præstandum si convenerit, nam hæc conventio contra bonam fidem contrà que bonos mores est. »

la nullité de ces pactes qui invitent à commettre
un délit, parce qu'ils sont contraires aux bonnes
mœurs, et parce que l'espoir de l'impunité peut
encourager à commettre un dol ceux que n'arrêtent point des considérations plus élevées (1).
Malgré cela, on rencontre au Digeste des textes qui
semblent consacrer une solution contraire. C'est
ainsi qu'Ulpien, d'après Pomponius, déclare absolument valable la convention d'après laquelle le
déposant s'interdit d'intenter l'action de dépôt (2).
Or, comme le dépositaire répond simplement de
son dol, cela paraît bien équivaloir à une convention d'irresponsabilité du dol. Cette solution est
d'ailleurs confirmée par un autre fragment du
même titre, dans lequel le jurisconsulte, après
avoir rappelé le principe de la nullité de la clause
d'oxénéartion du dol, affirme qu'en cas de dépôt
elle est licite. » *Illud nulla pactione effici potest ne dolus præstetur, quamvis si quis pascisca-
tur ne depositi agat, vi ipsa id pactus videa-
tur ne de dolo agat. Quod pactum proderit.*» (3).
Au premier abord, il semble qu'il y ait anti-
nomie absolue entre le commencement et la .fin
de ce fragment; et l'on ne voit point, étant donné
le principe général, sur quoi se fonde le pacte
d'exonération du dol au cas de dépôt. Faber pro-

---

(1) A. Faber, *Rationalia*, I, p. 242 et 243.

(2) Loi 7, § 15. D., *De pactis*, II, 14. « Sed et si quis pascis-
catur ne depositi agat, secundum Pomponium valet pactum. »

(3) Loi 27, § 3. D., *De pactis*, II, 14.

pose une premiére explication. Pour lui, la convention NE DEPOSITI AGATUR est licite parce que la convention d'irresponsabilité du dol qu'elle implique est tacite. « *Ratio decidendi. Expressa nocent, non expressa non nocent. Expressa mentio doli facit pactum inutile, quod alioqui valeret.* » (1). Mais cette interprétation ne nous semble pas satisfaisante. Sans doute, il arrive parfois, Modestin nous l'apprend (2), que certaines conditions tacites n'entachent pas de nullité un acte juridique, alors que, si elles étaient exprimées, elles feraient obstacle à sa validité ; mais cette régle est loin d'avoir une portée absolue et nous ne croyons pas qu'elle trouve son application dans l'espèce dont nous nous occupons.

On ne saurait dire davantage que ces textes visent l'hypothèse d'un dol accompli, auquel cas on concevrait parfaitement que la convention fût valable ; les fragments précités, en effet, semblent bien se reférer à un dol non encore accompli.

Maynz propose une conciliation ingénieuse entre le commencement et la fin de la phrase *Illud nulla pactione...* Suivant cet auteur, la convention « *ne depositi agatur* » aurait simplement pour effet de déplacer le fardeau de la preuve. Si la convention *ne depositi agatur* n'avait pas eu lieu, le déposant pourrait intenter l'action *depositi* pour obtenir restitution de la chose déposée, et

(1) Faber, *Rat.*, t. I, p. 205 ; Ad. § 15 : « Sed et si quis. »
(2) Loi 52. D., *De cond. et dem.*, 35, 1.

cette action eut abouti à la condamnation du dépositaire, dans le cas où ce dernier n'eut pas pu prouver la perte fortuite de l'objet déposé. En convenant *ne depositi agatur*, le déposant renonce aux effets naturels de cette action, et, de cette manière, il peut arriver, de fait, que le dol du dépositaire reste impuni. Mais, si le déposant prétend qu'il y a dol de la part du dépositaire, et s'il se charge de le prouver, son action sera admise. L'effet du pacte est donc d'affranchir le dépositaire non pas de la responsabilité du dol, mais de tout devoir de preuve en cas de perte ou de détérioration de la chose déposée (1).

Cette explication, ne nous paraît pas exacte. Nous pouvons faire remarquer contre elle, tout d'abord, que les jurisconsultes Romains s'occupaient peu des questions de preuve. Il y a donc lieu de croire que, si Paul et Ulpien s'étaient placés dans cet ordre d'idées, ils s'en seraient expliqué d'une façon moins divinatoire, car on n'a pas d'exemple que les Romains aient pactisé sur la charge de la preuve. Ensuite, si nous allons au fond des choses, il semble qu'en cas de dépôt, un pareil pacte soit sans objet : comme le dépositaire, n'a à répondre que de son dol ; il n'a pas besoin de prouver le cas fortuit, pour échapper à la condamnation qu'on sollicite contre lui par l'action *depositi ;* logiquement, tout ce qu'on pourrait lui demander c'est la preuve de l'absence

______

(1) Maynz. *Traité des obligations*, § 5., note 20, p. 14.

de tout dol ; pour qu'il n'y ait pas dol, il n'est pas nécessaire qu'il y ait cas fortuit. Entre ces deux causes de dommage, il y a la faute, et l'on sait qu'il n'en répond pas. Mais, nous ne croyons même pas que le dépositaire ait à prouver l'absence de dol. Nous verrons par la suite que c'est au demandeur à faire la preuve du bien fondé de sa prétention. Cette prétention n'est légitime que si le dépositaire a commis un dol, il s'ensuit que le déposant ne fournit pas la preuve de son droit, s'il n'établit pas, outre le dépôt, l'accomplissement du dol. Donc, puisque le fardeau de la preuve est réparti d'une façon aussi rigoureuse dans l'action *depositi* que dans *l'action de dolo* nous ne pouvons pas accepter l'explication fournie par Maynz.

La cause de cette erreur résulte probablement d'une confusion entre la responsabilité du dépositaire à Rome et celle dont il est frappé de nos jours. Chez nous, le contrat de dépôt oblige le dépositaire à restituer la chose déposée, soit en nature, soit par équivalent. (1) A Rome, au contraire, il n'est tenu de dommages-intérêts qu'autant que c'est par dol qu'il ne restitue pas en nature. D'où il suit qu'en droit français, lorsque l'existence du dépôt est prouvée, le dépositaire doit prouver l'existence d'un cas fortuit ou démontrer qu'il a apporté à la garde des choses à lui confiées, la même sollicitude qn'aux siennes propres, pour

(1) Art. 1927. C. C. Le dépositaire doit apporter dans la garde de la chose déposée les mêmes soins qu'il apporte dans la garde des choses qui lui appartiennent.

établir sa libération. A Rome, au contraire, tant que le créancier n'a établi que le dépôt, la preuve de la responsabilité du dépositaire n'est pas faite, et, celui-ci n'a pas besoin de prouver sa libération. Aussi pensons-nous qu'en dehors de toute convention spéciale, les choses se passaient comme, suivant Maynz, elles auraient eu lieu en cas de convention « *ne depositi agatur.* » Tel ne doit donc pas être le sens de cette convention.

Nous pensons qu'elle ne vise pas plus l'hypothèse d'un dol accompli que celle d'un dol futur ; mais qu'au contraire elle a pour effet de rendre le dol impossible.

Nous croyons que cette convention *ne depositi agatur* constitue simplement une libéralité déguisée du déposant vis-à-vis du dépositaire. Elle implique une entente nouvelle entre les deux contractants. Elle constitue une sorte de pacte *de non petendo*, au moyen duquel le déposant fait remise de sa dette au dépositaire. Il s'interdit l'exercice de *l'actio depositi*, il s'engage donc à laisser au dépositaire la propriété de la chose déposée.

Cette convention peut encore se produire, nous semble-t-il, en dehors de l'hypothèse d'une donation, au cas où, de par la volonté commune des parties, le contrat de dépôt se transforme en un autre contrat, en louage par exemple. En pareil cas, le propriétaire de la chose aura à son service l'action *locati* mais n'aura plus l'action *depositi*. Il y aura avantage pour le créancier, car il pourra reprocher au débiteur toute faute même légère ;

il y aura également avantage pour le débiteur parce qu'il ne sera pas exposé à encourir l'infamie.

On peut citer enfin une dernière hypothèse, dans laquelle la légitimité de la convention *ne depositi agatur* ne saurait évidemment faire aucun doute. C'est celle où il s'agirait, non plus de l'action directe de dépôt, mais de l'action contraire. Par suite de cette convention, le dépositaire s'engage à ne point faire de dépenses pour la conservation de la chose déposée, à peine d'avoir à les supporter.

Dans tous les cas, on voit à merveille qu'il n'y a pas là une exception au principe que la convention d'irresponsabilité du dol est illicite et contraire aux bonnes mœurs.

On peut donc dire, d'une manière absolue, que malgré le principe de la liberté des conventions, il est interdit aux parties de s'exonérer par avance de la responsabilité qu'elles pourront encourir à raison de leur dol. Il y a là certainement un minimum de responsabilité dont on ne saurait s'affranchir. Mais en dehors du dol, les contractants jouissent-ils d'une latitude absolue? Nous ne le pensons pas.

Il existe des fautes d'une gravité telle qu'on ne peut, sans danger pour l'ordre public, en permettre l'irresponsabilité. Elles tiennent, en quelque sorte, le milieu entre la faute proprement dite et le dol; et, sans impliquer l'intention de nuire, elles comportent une certaine mauvaise foi.

C'est ce qui a lieu, notamment, quand un débiteur n'accorde pas les mêmes soins aux affaires de son créancier qu'aux siennes propres. Aussi Celsus se range-t-il à l'opinion de Nerva pour soutenir contre Proculus l'assimilation de la faute lourde au dol, parce qu'elle est le résultat d'une certaine déloyauté reprochable au débiteur. « *Quod Nerva diceret latiorem culpam dolum esse, Proculo displicebat, mihi verissimum videtur ; nam et si quis non ad eum modum, quem hominum natura desiderat, diligens est, nisi tamen ad suum modum curam in deposito prœstat, fraude non caret. Nec enim* SALVA FIDE *minorem iis quam suis rebus diligentiam prœstabit* (1). » On peut donc affirmer sans crainte que la convention, ayant pour objet de soustraire le débiteur à la responsabilité d'une pareille faute, froisserait manifestement l'ordre public et les bonnes mœurs. Il n'est d'ailleurs pas nécessaire d'insister sur cette idée qui a été mise en relief par presque tous les juriscousultes. (2)

Désormais nous pouvons conclure que, hors

(1) Loi 32 D. Depositi, XVI, 3.

(2) Loi 29, pr. D. *Mandati* XVII,1 « Dissoluta negligentia prope dolum est. »

Loi 7, § 1. D. *De suspect tut*, XXVI.10. «Lata negligentia prope fraudem accedit. »

Loi 1, § 1 D. *Si mensor falsum*. . . XI,6 Lata culpa plane dolo comparabitur.

Loi 8, § 3. D. *De precario* XXXXIII, 26 « Culpa dolo proxima. »

Loi 1, § 5.0. *De oblig. et act.* XXXXIV,7. « Magnam negligentiam placuit in doli crimen cadere. etc. etc.

les cas qui intéressent l'ordre pvblic et les bonnes mœurs, il est loisible aux parties, en toute
matière, de fixer comme bon leur semble la mesure de leur responsabilité. Elles ne pourront jamais s'affranchir des conséquences de leur dol ou
de leur faute lourde, mais, à part cela, elles pourront, tant en matière d'obligations légales qu'en
matières d'obligations contractuelles, arrêter les
combinaisons quelconques que leur intérêt ou
leur fantaisie leur suggérera. Elles sont maîtresses
absolues des droits qui n'intéressent qu'elles-
mêmes. C'est à la fois un principe de droit naturel
et de droit positif.« *Regula est juris antiqui omnes
licentiam habere, his quæ pro se introducta sunt
renuntiare* » (1). C'est également dans ce sens qu'il
faut entendre l'édit du préteur et les différents
fragments que nous avons cités. Malgré leur généralité apparente, ils ne tendent, en réalité, qu'à
l'affirmation de ce principe : la liberté des conventions a pour seules limites celles qui lui sont
imposées par l'ordre public et les bonnes mœurs.

Donc, quand nous nous trouvons en face d'une
convention d'irresponsabilité, il n'y a point à rechercher si l'obligation résulte du contrat ou de la
loi; si la faute génératrice de la responsabilité est
une faute d'omission ou de commission ; il faut simplement se demander si les parties ont pactisé sur
un dommage purement privé, ou si, par leur convention, elles n'ont pas froissé un intérêt supérieur, celui de l'ordre public.

(1) Loi 29. C. De pactis' II,3.

CHAPITRE III

DU FARDEAU DE LA PREUVE

Nous avons vu quelles sont les causes de la Responsabilité, soit légale, soit conventionnelle, et nous avons constaté que, lorsqu'une faute était commise, la victime avait contre l'auteur une créance en réparation.

Tel est le droit théorique.

Mais il n'a d'intérêt pratique qu'autant qu'il est facile de le réaliser, qu'autant qu'il est loisible au créancier d'imposer au débiteur une coercition quelconque au moyen d'une condamnation judiciaire. Cette condamnation ne doit être prononcée par le juge qu'à bon escient, quand le débiteur l'a réellement encourue. Il est certain qu'à cet égard les assertions des parties ne sauraient faire foi d'une façon suffisante, si ce n'est dans le cas, pratiquement fort rare, où le débiteur reconnaîtra les faits allégués par le créancier. En dehors de cette hypothèse, quand l'un affirme et quand l'autre nie, il y a doute ; et, dans ces conditions, le juge ne peut statuer. Il faut donc lui présenter quelque chose de plus qu'une assertion toute nue, il faut apporter au débat des éléments de conviction de nature à établir les faits dont on affirme l'existence ; il faut, en un mot, en fournir la preuve. Sans cela le bon droit reste comme une lettre morte ; il demeure cantonné dans le domaine subjectif ; la satisfaction qu'il procure est purement platonique, et son titulaire n'en retire aucun avantage extérieur.

Aussi, a-t-on raison de dire que le droit, comme toute chose, s'estime non-seulement à raison de son contenu, de son utilité intrinsèque, mais encore et surtout à raison de la plus ou moins grande facilité que peut présenter sa réalisation objective, et en déduisant de sa richesse abstraite les peines et les frais qu'il nécessite, pour en obtenir le bénéfice. Or, la preuve, dit Ihering, c'est la rançon des droits dont on demande la consécration en justice.

La question que nous nous posons en ce moment est celle de savoir qui doit payer cette rançon.

Il ne semble pas que la solution de ce problème ait jamais passionné les anciens juristes, qui se montraient indifférents pour les difficultés concernant la preuve. Cela tenait sans doute à l'organisation de la procédure romaine qui comprenait deux phases bien distinctes : l'une, devant le préteur, l'autre, devant le juge. Dans la première épreuve, on recherchait uniquement si les prétentions des parties étaient pertinentes en droit, à supposer d'ailleurs qu'elles fussent fondées en fait. On y décidait, par exemple, que, si Aulus Agerius avait acheté un esclave à Numerius Negidius, ce

dernier devait le lui livrer ; mais on ne s'inquié-
tait nullement de savoir si en fait, la vente avait
été réellement consentie. Ce point là était de la
compétence exclusive du juge. Le préteur traçait
à ce dernier la ligne de conduite qu'il avait à
suivre dans chaque hypothèse : « *Si paret con-
demna, si non paret absolve,* » et le juge condam-
nait ou absolvait suivant le résultat de son enquête.
Comme d'ordinaire il n'était point jurisconsulte, il
dirigeait ses recherches plutôt suivant les sug-
gestions de son bon sens que suivant les règles
du droit. Les juristes, qui affectaient un certain
dédain pour l'instruction judiciaire, ne lui prê-
taient que rarement leur concours. Il n'était
secondé que par l'orateur qui, si l'on s'en rapporte
aux textes, n'était pas toujours très versé dans la
science du droit (1).

Cependant, malgré le mépris des jurisconsultes (2) pour la vérification matérielle des faits, il

(1) Servius cum in causis orandis primum locum, aut pro
certo post M. Tullium, obtineret, traditur ad consulendum
Q. Mucium de re amici sui pervenisse, quumque eum sibi
respondisse de jure, Servius parum intellexisset, iterum
Quintum interrogasse, et a Q. Mucio responsum esse, nec
tamen percepisse ; et ità objurgatum esse a Q. Mucio. Nam-
que eum dixisse, turpe esse patricio et nobili et causas
oranti jus in quo versaretur ignorare. (Loi 2, § 43. D., *De
orig. juris.*, I, 2.)

(2) Boethius, *Ad cic.,* Top. X, XI, § 50 (Orelli, I, p. 346).
Juris peritus de facti qualitate, non etiam de ipsius facti
veritate respondet. Idcirco quoties ad Gallum peritum juris
facti quæstio de ferebatur : « Nihil ad nos inquiebat, et ad
Ciceronem potius consulentes id est ad rhetorem remit-
tebat. »

s'établit de bonne heure un ensemble de règles relativement à la question de savoir à qui incombe le fardeau de la preuve (1) ; mais nulle part on ne trouve de théorie complète et précise indiquant les motifs rationnels des principes posés.

Hâtons-nous de dire, d'ailleurs, qu'en matière de responsabilité, il n'y a pas de règles spéciales en ce qui concerne la preuve, et qu'on applique purement et simplement les principes de droit commun. Cependant cette adaptation présente des difficultés sérieuses, et, encore de nos jours, les interprètes sont loin d'être d'accord à cet égard.

Le principe dominant est celui-ci : Toute personne, qui émet une prétention quelconque, doit prouver l'existence des faits sur lesquels elle s'appuie, sauf, bien entendu, lorsqu'ils sont de notoriété publique ou reconnus par la personne vis-à-vis de laquelle on veut s'en prévaloir, « *quia semper necessitas probandi incumbit ei qui agit* » (2)

Il n'existe, aucune bonne raison pour s'attacher aux affirmations d'une partie plutôt qu'à celle de l'autre. La loi n'est pas plus favorable à celui qui se prétend créancier qu'à celui qui prétend ne pas être débiteur, seulement comme l'obligation n'est pas la situation normale des personnes, c'est la liberté qui se présume. Il est donc logique d'obliger celui qui réclame quelque chose à prouver l'existence de son obligation.

(1) Digeste, *De probat. et præsumpt.*, XXII, 3.
Code, *De probat.*, IV, 19.
(2) Loi 21 ; D., *De probat el præsumpt.*, XXII. 3.

Il ne faut pas toutefois s'exagérer la portée de ce principe ni croire que le demandeur soit obligé de prouver l'inexistence de tous les faits qui auraient été de nature à éteindre ou à paralyser son droit, comme par exemple la folie du débiteur. Ce sont là, en effet, des cas exceptionnels qui ne doivent pas se présumer. C'est ainsi, d'après le jurisconsulte Paul, que celui qui conteste la régularité des formalités d'une émancipation doit prouver l'irrégularité qu'il invoque : « *...si quis negat emancipationem rectè factam, probationem ipsum præstare debere* » (1). Donc le fardeau de la preuve incombe au demandeur, et le défendeur peut se contenter de nier purement et simplement l'obligation dont on lui réclame le paiement. Il n'a à cet égard aucune preuve à produire, une simple dénégation suffit: « *Cum per rerum naturam factum negantis probatio nulla sit* » (2).

Mais, par une juste réciprocité, quand le demandeur a fait la preuve de sa demande, c'est au défendeur, s'il se prétend libéré, d'établir sa libération ; car, à son tour, il émet alors une prétention nouvelle ; il devient en réalité demandeur: « *Reus in excipiendo fit actor.* » Il ne se contente pas de nier simplement l'obligation dont on poursuit l'exécution, il allègue un fait nouveau. Or, de même que celui qui réclame une somme d'argent qu'il dit avoir prêtée doit prouver le prêt, de même l'emprunteur qui

(1) Loi 5, § 1. D., *De prob. et præs.*, XXII, 3.
(2) Loi 23. C., *De prob.*, IV, 19.

dit l'avoir remboursé doit prouver le rembourse-
ment : « *Ut creditor qui pecuniam petit nume-
ratam implere cogitur, ita rursum debitor qui
solutum affirmat ejus rei probationem præstare
debet* » (1). Il est aisé de se rendre compte que
ces deux solutions sont parfaitement harmo-
niques et qu'elles n'inpliquent aucune espèce
de contradiction. Aussi les empereurs Dioclétien
et Maximien ont-ils raison de dire qu'il ne faut
point se formaliser de ce que, dans certains cas,
on impose la preuve au défendeur. Cela arrive
uniquement dans l'hypothèse où le demandeur a
déjà fait sa preuve et quand le défendeur, à son
tour, devient demandeur en exception. « *Frustrà
veremini ne ab eo qui lite pulsatur, probatio
exigatur* » (2). Il résulte de ce qui précède que le
doute est toujours tranché en faveur du défendeur, soit à l'action, soit à l'exception. Quand
la preuve est impossible, c'est le demandeur qui en
subit les conséquences : « *Actor, quod ad severat
probare se non posse profitendo, reum necessitate
monstrandi contrarium non adstringit : cùm per
rerum naturam factum negantis probatio nulla
sit* » (3). Ou peut donc, si l'on parle le langage de
Ihering, dire que c'est au demandeur à payer la
rançon du droit.

Tels sont les principes généraux dont nous de-

(1) Loi 1. C., *De prob.*, IV, 19.
(2) Loi 8. C., *De prob.*, IV, 19.
(3) Loi 23 C. De probationibus, IV, 19.

vons faire l'application à la matière de la responsabilité.

Nous savons que pour qu'il y ait faute, il faut le
concours de différents éléments.

Il faut : 1° qu'une personne soit obligée envers
une autre ; 2° que matériellement l'obligation soit
restée inexécutée ; 3° que cette inexécution ait sa
cause dans la personne de l'obligé, c'est-à-dire
qu'elle lui soit imputable à faute ; 4° et qu'enfin
un certain préjudice en soit résulté. Dans tous les
cas, l'ensemble de ces conditions est suffisant et
nécessaire pour qu'il y ait lieu à responsabilité. Il
semble dès lors, que les règles relatives au fardeau
de la preuve doivent être fort simples ; cependant
nous ne croyons pas que les systèmes formulés
jusqu'à ce jour soient l'expression de la vérité juridique. L'erreur provient, selon nous, de ce qu'à
ce point de vue de la preuve, on a voulu encore
distinguer deux choses absolument identiques,
la Loi et le Contrat, la responsabilité contractuelle
et la responsabilité Aquilienne. Les auteurs ensei-
gnent, en effet, que la faute contractuelle se présume et que la faute délictuelle se prouve ; que,
dans le premier cas, c'est au débiteur à prouver
sa libération, et que, dans le second c'est au créancier à prouver sa créance (1). Mais un pareil
langage est le résultat d'une confusion. Il faut,
tout d'abord, bien se garder de croire que la faute
soit le fondement unique de toute action en dom-

____

(1) Van Wetter, C. Elem. de Dr. Rom. § 89, p. 154.

mages et intérêts. Il n'en est ainsi qu'au cas de délits ou de quasi-délits, parce qu'alors l'accomplissement de l'acte illicite constitue le fondement exclusif de la réclamation.

Aussi, à ce point de vue, est-il exact de dire que celui qui se prétend victime d'une faute doit toujours en prouver l'existence.

Mais, dans tous les autres cas, l'action en dommages-intérêts n'implique pas nécessairement une faute commise par le débiteur. Cet élément essentiel, dans les rapports d'obligation nés d'un délit, est purement accidentel daus toutes les autres hypothèses. Ainsi, par le seul fait que Primus est détenteur de ma propriété, je puis la revendiquer contre lui, mais il n'est pas nécessaire pour cela qu'il ait commis un dol ou une faute. Quand je m'engage à fournir un esclave, je suis obligé de le livrer, et cela indépendamment de toute idée de faute par la toute-puissance du contrat. L'idée de faute n'a à intervenir que d'une façon toute négative en ce sens que, si c'est un cas fortuit ou de force majeure qui m'a empêché d'exécuter mon obligation, je serai libéré.

C'est qu'en effet, je suis réputé avoir promis non pas un résultat, mais un effort constant et sincère; si, quand j'ai accompli cet effort, un coup du hasard a empêché le résultat, je ne dois encourir aucune responsabilité (1). Mais celui à qui j'ai promis un esclave n'est tenu de prouver

(1) Lois 23 et 37, *De verb. obliq.* XLV, 1, et passim.

qu'une seule chose, à savoir que je lui ai promis cet esclave, et il n'est en aucune façon tenu de prouver que je commets une faute en ne le lui livrant pas. Il n'a pas besoin de parler de faute, car il ne m'intente pas une action en responsabilité, il ne fait que demander l'exécution d'une obligation initiale qui a pris naissance par le seul fait du contrat. Il ne faut donc pas dire qu'en pareille hypothèse, le débiteur est présumé en faute, puisque la condamnation qu'il encourt a sa cause dans un fait absolument indépendant, dans le contrat. Cela est particulièrement saisissant, lorsqu'une personne s'est engagée vis-à-vis d'une autre à répondre des cas fortuits ou de force majeure qui pourront lui causer un certain préjudice. Un accident prévu par le contrat survient ; l'assureur sera tenu d'indemniser l'assuré de tout le dommage par lui subi, et cependant il n'est pas en faute, car on ne peut pas lui faire grief de la réalisation d'un fait qui est en dehors et au-dessus de sa volonté. Non, l'assureur n'est pas responsable à raison d'une faute, il est simplement obligé en vertu du contrat. Il doit remplir l'obligation primaire et initiale qu'il a volontairement consentie ou qui lui a été imposée par la loi. La loi ou le contrat constituent à eux seuls le fondement juridique de sa dette Il n'est pas nécessaire d'aller rechercher au delà si, par surcroît, l'accomplissement d'une faute n'a pas donné naissance à une autre obligation virtuellement comprise dans la première, l'obligation de réparer le préjudice injustement

causé. Nous avons dit, en principe, que le demandeur doit établir le fondement juridique de sa
demande, mais, outre cela, il ne doit rien. Quand
il poursuit l'exécution d'une obligation contractuelle ou légale, il doit en prouver l'existence,
mais il n'est pas tenu de prouver, en outre, qu'une
action en responsabilité à raison d'une faute, s'est
ouverte à son profit.

Est-ce à-dire pour cela que la faute se présume ?
Non certes, puisque la condamnation que le
créancier veut imposer à son débiteur n'implique
pas nécessairement la moindre faute de la part de
ce dernier.

Il est donc inexact de prétendre qu'à l'inverse
de ce qui a lieu en matière délictuelle, le créancier, en matière contractuelle, peut se prévaloir
vis-à-vis de son débiteur d'une présomption de
faute, et, par suite, l'obliger à faire la preuve du
cas fortuit. Cette façon de parler provient bien
d'une confusion. Les auteurs qui proposent une
pareille formule comparent deux situations absolument dissemblables, l'une, dans laquelle le créancier demandeur n'a qu'une action en responsabilité dont il ne peut se prévaloir qu'en prouvant
l'existence d'une faute ; l'autre, dans laquelle,
sans soulever une question de responsabilité, il
réclame uniquement la consécration et la recon-
naissance d'un droit qu'il tient de la loi ou du contrat. Aussi les auteurs dont nous combattons la
doctrine devraient-ils substituer à leur façon de
parler la formule suivante : le demandeur n'est

tenu de prouver l'existence d'une faute à la charge
du défendeur, que quand la réclamation qu'il lui
adresse est basée sur une faute, autrement dit :
quand il s'agit de *responsabilité*.

Telle est en somme la portée exacte des différents textes que l'on cite d'ordinaire en faveur du
système, d'après lequel la faute contractuelle se
présume. Ainsi, il résulte d'une constitution impériale que le créancier gagiste n'est exempt de
dommages-intérêts, en cas de perte de la chose
constituée en gage, qu'autant qu'il n'a aucune
espèce de faute à se reprocher à cet égard, c'est-
à-dire qu'autant que la perte provient d'une cause
étrangère, d'un cas fortuit. Le texte ajoute, que
le débiteur contractuel de la chose donnée en
gage doit être tenu d'indemniser le créancier de
cette chose, c'est-à dire le débiteur originaire qui
a constitué le gage dans deux hypothèses différentes : soit lorsqu'il aura commis une faute, soit
lorsqu'il sera dans l'impossibilité de prouver l'existence de la cause étrangère qui met obstacle à
l'exécution du contrat. *Si creditor sine vitio suo
argentum pignori datum perdiderit, restituere id
non cogitur : sed si culpœ reus deprehenditur, vel
non probat manifestis rationibus se perdidisse,
quanti debitoris interest, condemnari debet* (1).
Ce texte prouve d'une façon très-nette qu'outre
l'hypothèse de la prestation d'une faute, le débiteur contractuel est encore tenu de dommages et

____

(1) Loi 5, C. *De pignorat. act.* IV. 24.

intérêts par la toute-puissance de l'obligation qu'il a consentie, à moins que, d'une façon ou d'une autre, il n'établisse sa libération.

Le contrat comporte donc habituellement deux causes d'obligations : l'une, initiale et formelle, c'est-à-dire la prestation qui constitue l'objet même du contrat, l'autre, virtuelle et conditionnelle dont l'objet est la réparation du préjudice causé par l'inexécution de la première. Nous avons vu que dans certains cas spéciaux, on ne rencontre que la première obligation ; nous avons cité en ce sens le contrat d'après lequel on s'engage à assumer le risque des cas fortuits. A l'inverse, dans d'autres hypothèses, il n'y a véritablement obligation que lorsqu'une faute est commise par celui qui devient alors l'obligé. Nous pouvons citer à titre d'exemple un pacte de la nature de ceux que nous avons étudiés dans notre seconde partie, d'après lequel les parties auraient modifié la garantie de droit commun. Si, comme nous l'avons vu, les intéressés peuvent valablement convenir qu'ils n'auront pas à répondre de leurs fautes (le dol et la faute lourde exceptés), à plus forte raison peuvent-ils s'engager à ne répondre que de leur faute, et à paralyser ainsi, au moyen d'un pacte, l'obligation normale et naturelle que, sans cela, le contrat eut engendrée. Ainsi, en cas de *locatio-conductio*, par exemple, il est licite de convenir que le *locator* ne pourra inquiéter le *conductor*, en cas de non-restitution de la chose louée, que s'il a une faute quelconque à lui reprocher. Le cré-

ancier gagiste pourrait faire un pacte analogue
avec son débiteur. De cette façon, les contractants
renoncent par avance à l'effet naturel du contrat
dont la seule utilité pratique consiste désormais
dans la responsabilité éventuelle qui y est virtuellement comprise. C'est alors que la fausseté du
système que nous combattons se révèle, c'est alors
qu'il est inexact, même au point de vue pratique,
de dire que la faute contractuelle se présume, et
qu'il suffit de prouver le contrat. Nous pensons
fermement que, dans une pareille hypothèse, le
créancier doit prouver la faute qu'il impute à son
adversaire, car le contrat par lui seul ne prouve
rien ; nous dirons plus : il prouve qu'en l'absence
d'une faute établie à sa charge, celui qu'on a traduit en justice n'est sous le coup d'aucune espèce
de responsabilité. Le demandeur devra donc, pour
obtenir gain de cause, établir que le défendeur a
commis une faute dont il lui doit réparation. Il
faut avouer toutefois que notre hypothèse n'est
guère que théorique, car, pratiquement, quand
les Romains voulaient modifier les conséquences
normales d'un contrat, ils allaient jusqu'à écarter
la responsabilité née de la faute. Ulpien nous dit
en effet, dans un passage que nous avons plusieurs
fois cité, que les artisans ont coutume de façon-
ner la matière première à eux confiée aux risques
et périls de son propriétaire : « *plerumque artifices
convenire solent... non periculo suo se facere...* »
Mais rien ne s'oppose à ce qu'un statuaire con-
vienne qu'il ne répondra du bris d'un bloc de

marbre, qu'autant qu'il aura véritablement commis une faute, et non pas par cela seul qu'il ne
sera pas à même de prouver le cas fortuit.

On nous objectera peut-être qu'une pareille
convention n'est, en réalité, qu'un pacte, ayant
pour objet de déplacer le fardeau de la preuve.
Il n'en est rien. Ce déplacement n'est qu'une
conséquence naturelle et logique du pacte qui
porte sur la cause, sur le principe même de l'obligation : mais dans l'un et l'autre cas, on ne fait
qu'appliquer au demandeur la maxime : « *Actori
incumbit probatio.* » Son débiteur est-il obligé,
vis-à-vis de lui, par une loi ou par un contrat, il
n'a qu'à prouver l'existence de son titre; au contraire, la loi ou le contrat dont il veut se prévaloir,
subordonne-t-il sa créance à l'évènement d'une
faute commise par son adversaire, il doit prouver l'existence de cette faute.

C'est ainsi que les choses se passent dans certains contrats spéciaux où le débiteur n'est, en
réalité, obligé que s'il commet un dol ou bien une
faute lourde. Si le créancier ne prouve que le
contrat, il ne fait rien d'utile, il lui faut en outre
prouver la faute lourde ou le dol, autrement dit,
la cause seconde de la responsabilité du débiteur,
qui, à l'origine n'était que virtuellement comprise
dans le contrat. Telle est la solution que nous
avons déjà admise en passant en ce qui concerne
le dépôt. Nous savons, en effet, qu'en vertu de ce
contrat, le dépositaire n'est responsable, qu'autant
qu'il a commis un dol, auquel, comme toujours,

on assimile la faute lourde « *tantum in eo obno
xius est, si quid ipse dolo malo fecerit.* (1) » C'est
là une condition *sine qua non* du succès de la
poursuite du déposant. Le contrat, à lui seul,
est ici insuffisant pour obliger le dépositaire à
payer des dommages et intérêts, en cas de perte
de la chose ; il faut que cette perte résulte de son
dol. On ne peut pas dire de lui comme du créancier gagiste, qu'il sera tenu d'indemniser son
co-contractant dans deux hypothèses : 's'il ne
prouve pas le cas fortuit qui le libère, ou s'il s'est
rendu coupable d'une faute. C'est dans le second
cas uniquement qu'il peut être responsable. En ce
qui le concerne, il n'y a pas d'obligation sans faute,
et encore faut-il qu'il s'agisse au moins d'une faute
lourde. Dans de semblables conditions, on conçoit
à merveille que la règle « *Actori incumbit probatio* » oblige le déposant à prouver le dol qu'il
reproche au dépositaire. D'ailleurs, s'il pouvait y
avoir quelques doutes à cet égard, ils seraient levés
par un fragment d'Ulpien, dont les termes sont
absolument catégoriques « *Qui dolo dicit factum
aliquid licet in exceptione dolum docere admissum
debet.* (2) »

Dolum ex indiciis perspicuis probari convenit (3),

Cette idée, d'après laquelle le contrat seul est
parfois insuffisant à créer une obligation à la
charge de l'un des deux contractants, est particu-

(1) Gaiüs III. 207
(2) Loi 18. § 1. D. *De prob. et prœs.* XXII, 3.
(3) Loi 6. C. De dolo malo II. 21.

lièrement mise en relief au titre « *Si mensor falsum modum dixerit* (1). » Le personnage que les
textes appellent *mensor* et que les propriétaires
chargeaient de borner leurs propriétés contigues,
n'était pas responsable des erreurs qu'il pouvait
commettre à cet égard, et il ne répondait que de
son dol. Cela tenait, parait-il, à ce qu'il jouissait
d'une grande considération. On ne regardait pas
comme la conséquence d'un louage de services les
bons offices qu'il rendait à ses concitoyens; on
n'appelait pas non plus *merces* les gratifications
dont ses clients pouvaient l'honorer. Comme le fait
justement remarquer Faber, (2) il était, vis-à-vis
d'eux, dans une situation analogue à celle d'un
avocat vis-à-vis des plaideurs. Aussi le préteur
avait-il considéré qu'il suffisait de le rendre responsable de son dol, puisqu'il n'était pas civilement obligé. Les parties devaient supporter les
conséquences de sa négligence ou de sa maladresse, parce qu'elles étaient en faute pour ne pas
avoir apporté plus de soin dans le choix de leur
mensor. « *Hœc actio dolum malum dum taxat exi-
git visum est enim satis abundèque cœrceri menso-
rem, si dolus malus solus conveniatur ejus homi-
nis, qui civiliter obligatus non est. proinde si
imperite versatus est sibi imputare debet qui eum
adhibuit....* (3) » Cette action, contre le *mensor*,
est bien évidemment une action contractuelle, car

(1) Dig. XI. 6.
(2) Faber. Si mensor fals .... Tome II p.2068.
(3) Loi 1 § 1 D. Si mensor.... XI. 6

la responsabilité dont il est tenu, à raison de son dol, a sa cause première dans la convention. On peut dire ici, comme au cas de dépôt : « *dolus ex contractu descendit.* (1) » En vain objectera-t-on que cette action ne se donne pas contre les héritiers ; (2) nous répondrons avec Paul qu'elle est perpétuelle et qu'elle a sa base, non dans la fraude du *mensor*, mais bien dans la convention: « *Hœc actio perpetua est, quia initium rei non ad circum scriptionem, sed a suscepto négotio originem accipit.* (3) » Et cependant il est évidemment hors de doute que c'est à la partie lésée par le dol ou la faute lourde du *mensor* à en fournir la preuve, parce que la convention, par elle-même et par elle seule, n'implique aucune obligation formelle. Le rapport qu'elle crée est simplement virtuel et ne deviendra parfait qu'à la suite d'un dol commis par le *mensor*. Nous voyons donc qu'il existe un certain nombre d'hypothèses, pour lesquelles il est inexact, même au point de vue pratique, de parler de présomption de faute. Cette manière de s'exprimer n'est compréhensible que quand l'obligation a pour effet par elle même et par elle seule, d'obliger le débiteur, à indemniser le créancier de toute inexécution non fortuite. Cependant, théoriquement, le système de la présomption de faute constitue encore une erreur, et même, dans certains cas, l'erreur

(1) Loi 7. § 1 D.Dep. XVI. 3.
(2) Loi 3 § 5 D.Si mensor XI. 6 « Hanc actionem..... in heredem similes que personas, denegandam.... »
(3) Loi 4. Ibid.

n'est pas exclusivement théorique. Nous avons vu,
que la responsabilité aquilienne concourait avec
la responsabilité contractuelle. Quand le créancier peut prouver, à la charge du débiteur, l'existence d'une faute qui ne constitue pas une pure
omission, il obtient une condamnation à des
dommages-intérêts élevés, calculés suivant le
tarif rigoureux de la loi Aquilie ; si, au contraire, il
est dans l'impossibilité d'administrer cette preuve,
il obtient simplement, par voie de compensation,
la prestation à laquelle il avait droit par suite de
l'obligation initiale. Le résultat serait évidemment
tout autre, si le débiteur était sous le coup d'une
présomption légale de faute. Le créancier prouve-
rait la faute au moyen de la présomption, comme il
la prouve par témoins et, dans tous les cas où l'action de la loi Aquilie serait possible, il obtiendrait
les dommages-intérêts élevés, dont nous venons
de parler, c'est-à-dire une indemnité et une peine
cumulées. Mais la faute ne se présume pas, et le
créancier qui veut s'en prévaloir doit, d'après le
principe général, en matière de preuve, en démontrer l'existence. Ce que l'on appelle, pour le créancier, le bénéfice d'une présomption de faute, n'est
tout simplement que la faculté d'obtenir par équivalent, l'exécution d'une obligation restée en fait
impayée. Aussi notre conclusion est-elle qu'au
point de vue du fardeau de la preuve, comme à
tous ceux que nous avons eu l'occasion d'examiner
jusqu'alors, il n'existe ancune différence entre la
responsabilité contractuelle et la responsabilité

légale. (1) Dans tous les cas, en principe, et sauf une exception formelle résultant de la loi, le demandeur doit prouver les faits qu'il allègue : quand sa créance se fonde sur une faute, il est tenu de prouver cette faute ; quand elle se fonde sur une obligation, il lui suffit de prouver cette obligation.

Si la distinction en obligations contractuelles et en obligations légales est sans objet, il n'en est pas de même d'une autre bien connue également, sur laquelle cependant on insiste beaucoup moins d'ordinaire ; nous voulons parler de la distinction en obligations positives et en obligations négatives à laquelle correspond la division en fautes d'omission et en fautes de commission. Nous savons que cette distinction présente un certain intérêt au point de vue de l'application de la loi Aquilie ; elle en offre surtout au point de vue de l'administration de la preuve. Jusqu'ici, dans tous les exemples que nous avons choisis, nous avons toujours raisonné, implicitement au moins, dans l'hypothèse d'une obligation positive. Nous avons admis qu'en règle générale celui qui est créancier en vertu d'une telle obligation n'est pas tenu de prouver que le débiteur a commis une faute pour le faire condamner à des dommages-intérêts, lorsqu'il n'accomplit pas la

____

(1) Culpam non prœsumi sed probari debet.... sive sit culpa in ommitendo sive in faciendo.

In dubio.... semper sumenda est illa interpretatio per quam excludatur cuepœ prœsumptio. Josephi Mascardi... *De probat. con.;* CCCCLXVIII page 285.

5

prestation promise, et nous avons montré comment il suffisait de prouver l'obligation.

Dans les obligations négatives, il y a ceci de particulier, c'est qu'il ne suffit jamais au créancier de prouver l'existence de l'obligation, il lui faut toujours prouver de plus la contravention à cette obligation.

Ainsi, en cas de promesse de ne pas faire, le créancier ne peut pas dire au débiteur : prouvez-moi que vous n'avez pas contrevenu à l'obligation que vous avez assumée vis-à-vis de moi, sinon payez-moi des dommages-intérêts ; rien ne prouve en effet, que la créance en réparation soit née. A première vue, il est vrai, on pourrait être tenté de raisonner par analogie avec ce qui se passe en cas d'obligation positive. Le créancier dit : Payez-moi ce que vous me devez, soit directement, soit par équivalent. Il n'est pas obligé de prendre en considération le doute qui plane en réalité sur l'obligation du débiteur. Car, si, comme nous le supposons, la chose due a péri sans que l'on sache comment, ce peut être par suite d'une faute du débiteur, mais ce peut être également par suite d'un cas fortuit ; malgré cela, le doute profite au créancier. La raison, nous l'avons déjà vu, c'est que ce doute ne porte pas sur l'obligation, mais bien sur la libération.

Voyons s'il en est de même dans l'obligation négative.

Titius a promis à Séius de ne pas bâtir ; il a par là même, promis implicitement d'indemniser

Séius du préjudice qu'il pourrait lui causer en
contrevenant à son obligation, mais il n'a entendu évidemment s'obliger à l'indemniser qu'au
cas où, personnellement, il contreviendrait à
sa première obligation, qu'au cas où il bâtirait.
Titius a donc assumé deux obligations : l'une,
pure et simple et négative, l'autre, positive, mais
conditionnelle. En ce qui concerne la première, il
faut remarquer ceci de particulier, à savoir tout
d'abord qu'elle consiste en une pure abstention ;
ensuite, elle n'est pas susceptible de *mora :* dès
qu'elle n'est plus exécutée, elle est violée, il n'y a
pas de 'situation intermédiaire. Son exécution
directe ne semble possible que quand le débiteur
veut bien la fournir de bon gré. Dès lors elle
ne constitue guère qu'une obligation naturelle dont
le créancier ne peut se prévaloir en justice. Mais
à côté d'elle, il en est une autre qui lui sert de
sanction, c'est l'obligation positive de réparer les
conséquences dommageables d'un fait de commission prohibé. Ce que l'on appelle une obligation
négative constitue donc moins une obligation proprement dite que la détermination du caractère
illicite d'un fait. Les contrats qui les font naître ne
font qu'étendre au regard des co-contractants la
liste des faits illicites énumérés déjà dans les lois.
Les parties peuvent même, dans ces conditions, fixer
comme elles l'entendent, le montant des répara-
tions à fournir ; rien ne s'oppose, par exemple, à
ce qu'elles acceptent le tarif de la loi Aquilia.
On dit parfois d'ailleurs, que cette loi engendre

des obligations négatives, et il est bien certain, en
effet, que, si elle punit le meurtre de l'esclave
d'autrui, c'est qu'elle implique et qu'elle présuppose l'obligation préalable de s'abstenir d'un pareil fait.

En conséquence, si l'obligation dite négative
n'est tout simplement qu'une obligation positive
conditionnelle, c'est-à-dire l'obligation de réparer
les conséquences dommageables de l'acte illicite
une fois accompli, il ne suffira pas au demandeur
de démontrer que tel fait, soit de par la loi, soit de
par le contrat constitue, au moins dans ses rapports
avec son adversaire, un acte illicite ; il lui faudra
nécessairement prouver, en outre, que l'adversaire
a accompli cet acte. Nous voyons combien cette
situation diffère de celle que nous avons rencontrée
quand nous étions en présence d'une obligation
initiale positive. Dans cette hypothèse, l'obligation
était sortie parfaite du contrat ou de la loi. Aussi
lorsque le débiteur, pour excuser son inéxécution,
alléguait la perte de la chose, s'il ne prouvait point
que cette perte était fortuite, il laissait planer un
doute sur sa libération. Mais ici, c'est sur la naissance même de l'obligation qu'il y a doute, car le
demandeur ne prouve point que son adversaire
soit obligé vis-à-vis de lui, lorsqu'il démontre
seulement que si son adversaire a commis tel fait,
ce fait à raison de la convention intervenue entre
eux présente un caractère illicite ; il doit prouver
en outre l'accomplissement de ce fait par le défendeur.

Maintenant, quant à la question de savoir si le demandeur devra prouver que le fait sur lequel il s'appuie est imputable à faute au défendeur, elle sera tranchée suivant les indications fournies par le titre générateur de l'obligation. D'après la loi Aquilia, il n'y a que les faits préjudiciables résultant d'une faute qui soient repréhensibles, les conventions des parties pourront, suivant leur volonté, être plus ou moins rigoureuses.

Les développements que nous avons produits relativement à la nature de l'obligation négative, peuvent en somme se résumer à ceci : Il n'y a, au fond, que des obligations positives, et l'obligation négative n'est qu'une obligation positive virtuelle, conditionnelle.

Or, d'après le principe *actori incumbit probatio,* le demandeur qui veut se prévaloir d'une obligation ne doit pas simplement prouver l'existence d'un lien de droit embryonnaire, mais encore celle d'un engagement parfait. Autrement dit, le demandeur doit dans tous les cas prouver le bien fondé de sa demande ; quand il réclame des dommages-intérêts il doit démontrer qu'ils lui sont dus. En prenant le mot faute dans le sens large, il doit toujours prouver la faute ; parce qu'alors, dans certains cas, on dira que la faute résulte de ce fait que le débiteur est dans l'impossibilité de prouver son paiement ou sa libération, quand le créancier a prouvé l'obligation. Dans les autres hypothéses, c'est-à-dire quand l'obligation du débiteur sera subordonnée à la perpétration d'une faute dans le sens étroit du mot, c'est-à-dire d'un fait impliquant de sa part une certaine culpabilité morale, le créancier devra prouver cette faute-là.

Donc, suivant le caractère plus ou moins rigoureux de l'obligation, le fardeau de la preuve séra plus ou moins léger. Plus l'obligation sera compréhensive, plus la preuve sera facile parce que les faits de contravention pourront être plus nombreux. Quand le débiteur répond de toute inexécution non fortuite, le créancier n'a qu'à prouver l'obligation ; quand il ne répond que de sa faute, le créancier doit prouver en outre l'existence de cette faute, à peine de perdre son procès.

Quant à la question de savoir comment le demandeur fera la preuve des différents faits dont il entend se prévaloir, elle sort du cadre de notre programme, d'après lequel nous nous proposons seulement de rechercher à qui incombe le fardeau de la preuve et, par suite, la charge des cas douteux.

Nous ferons cependant deux remarques : l'une, en ce qui concerne la preuve du préjudice, l'autre, en ce qui concerne la preuve de la culpabilité du débiteur.

La preuve du préjudice comprend, en réalité, deux éléments : la cause et la quotité. En général, on se contente de dire qu'il y a lieu de rechercher lorsqu'une faute a été commise *quanti interest creditoris*, c'est-à-dire quel est le chiffre des dom-

mages-intérêts à prononcer. Mais lorsqu'on agite
cette question, on en suppose une autre résolue,
celle précisément de savoir si d'abord il en est dû
si interest. Il ne suffira donc jamais au créancier
de prouver qu'à la suite d'une faute commise par
le débiteur, il a subi un certain préjudice; il faudra
qu'il démontre, en outre, qu'entre le dommage et la
faute il y a un rapport de causalité. Dans l'obligation de donner, cette preuve sera toujours facile,
le créancier aura droit à une indemnité calculée
d'après le dommage subi par suite du défaut de
livraison de la chose due; mais, dans les autres
obligations, cette preuve sera parfois très délicate :
elle sera même souvent impossible à administrer.
Ainsi, lorsqu'une personne loue sa mule à une
autre, si le *conductor* la surcharge au point de lui
briser un membre, il sera en faute d'abord, aux
termes de la loi Aquilia : *si mulum plus justo one-
raverit el aliquid membri ruperit, Aquiliæ locum
fore* (1) sans préjudice de sa responsabilité contractuelle. (2) Il est hors de doute que le locataire
sera encore responsable, si le dommage causé au
propriétaire par suite de l'excès de fatigue imposé
à l'animal, ne se manifeste que quelque temps
après l'abus de jouissance du locataire (3).

En pareille hypothèse, on voit bien la faute

(1) Loi 27 § 23. D. Ad leg. Aq. IX. 2.
(2) Loi 30 § 2. D. Locati XIX. 2.
(3) « It does not make any différence that the damage did
not happen till some time after the mule had been burdened »
Erwin Grueber. op. cit p. 100.

du locataire et le préjudice subi par le créancier,
mais on ne voit pas que le préjudice dérive nécessairement du surcroît de charge imposé à l'animal.
Le propriétaire devra donc démontrer que la
moins-value de sa mule provient de ce que celui
à qui il l'avait louée lui a imposé des fardeaux trop
considérables.

On voit, comme nous l'annoncions, qu'une
pareille preuve ne sera pas toujours facile.

En ce qui concerne la faute, dans le sens rigoureux du mot, il semble que l'administration de la
preuve soit tout à fait impossible. La faute, en effet
avec son caractère subjectif est presque insaisissable. Nous ne pouvons prouver que des faits
qui apparaissent bien, il est vrai, comme une
manifestation objective de la faute, mais qui ne
l'impliquent pas nécessairement. Malgré la réalité
de ces faits, il n'y en a pas moins un doute sur la
culpabilité morale de leur auteur. Cependant, il
est des hypothèses nombreuses dans lesquelles la
faute résultera manifestement du fait. Ainsi celui
qui en passant sur un pont précipite un esclave
dans la rivière, (1) tombe évidemment sous le
coup de la loi Aquilia, quand même le propriétaire
de l'esclave serait dans l'impossibilité absolue de
prouver la culpabilité subjective de l'auteur d'un
pareil fait. Il en est de même du cordonnier qui
crève un œil à son apprenti. (2) D'ailleurs, les

---

(1) Loi 7 § 7. D. Ad. leg. Aq. IX. 2.
(2) Loi 5 § 3 eod. tit.

moyens de preuve ne sont jamais d'une rigueur mathématique; ils ne présentent aucun caractère d'infaillibilité ; ils sont simplement de nature à produire une conviction profonde (1).

Il faut reconnaître qu'en dehors de ces hypothèses, il en est évidemment d'autres, où la culpabilité morale ne pourra pas s'induire du simple fait. En pareil cas, les Romains se contentaient probablement de la preuve du fait et de la preuve du préjudice, pourvu, bien entendu, qu'il y ait un rapport de causalité entre eux. « ... *si quis servum œgrotum leviter percusserit; et is obierit, recte Labeo dicit eum lege Aquilia teneri* (2). » Ce texte tendrait à prouver, suivant nous, que la loi Aquilia créait une responsabilité spéciale contre tous les auteurs d'un acte illicite. Cette responsabilité n'était sans doute pas subordonnée à l'existence d'une faute imprimant un caractère coupable à l'acte illicite ; et ce qu'on appelle une condition de la responsabilité aquilienne, n'était peut-être au fond que la réserve d'un moyen de défense pour l'auteur du fait dommageable. Ce dernier échappait à la condamnation en prouvant que l'acte reproché avait été accompli dans des conditions telles qu'il ne pouvait lui être imputable. Cette manière de voir peut d'ailleurs se recommander de l'autorité de Faber. Les actes illicites, nous dit-il, semblent porter en eux-mêmes la preuve de la

(1) Larombière. V. Art. 1315 n° 2. T. des Obli.
(2) Loi 7, § 35, eod. tit.

faute qui leur a donné naissance, et il n'est
possible de les excuser que quand leur auteur démontre qu'il est innocent(1). Lorsqu'un individu
chargé d'élaguer un arbre laisse tomber une bran-
che sur un passant, il n'encourra aucune espèce
de responsabilité, si en fait il n'a pu prévoir que
quelqu'un passerait sous cet arbre : « *nam culpa
ab eo exigenda non est cum divinare non potuerit
an per eum locum aliquis transiturus sit* (2), » mais
pour échapper à la condamnation, il sera tenu de
démontrer qu'il y a eu un ensemble de circonstances telles que la blessure ou la mort de l'esclave ne peut lui être imputée à faute. Il prouvera
par exemple, que l'arbre qu'il était en train
d'émonder se trouvait sur un terrain où personne
ne doit passer. La conclusion de cette remarque
est que les omissions ou les faits illicites ayant leur
cause dans la personne d'un individu, lui sont en
principe imputables, s'il ne démontre pas qu'ils
n'impliquent de sa part aucune espèce de faute.
On exprime à peu près la même idée sous une
autre forme en disant : parmi les divers éléments
de la responsabilité, il en est un, la faute, qui se
présume facilement quand les autres sont prouvés.
La commission d'un acte illicite constitue une

(1) Qui delictum ex casu fortuito excusat casum semper
probare debet. Nam in iis quæ per se ipsa delicta sunt, non
potest dolus non prœsumi, quamdiu nec fortuitus casus, nec
alia ulla afferendœ innocentiœ ratio probatur. Cod. Fab. L. IV
T. 14. Def. LII.

(2) Loi 31 pr. D. Ad. leg. Ag. IX. 2.

présomption de fait de la faute. Aussi, affirmer qu'il n'y a pas de responsabilité sans faute, c'est simplement réserver au défendeur la preuve de sa non-culpabilité.

DROIT FRANÇAIS

CHAPITRE I

DU PRINCIPE DE LA RESPONSABILITÉ

L'homme, au sein de la société, a des devoirs à remplir vis-à-vis de ses semblables. Il doit protéger les faibles, venir en aide aux malheureux, remplir en un mot toutes les obligations que la charité impose. Au point de vue passif, ces obligations sont imparfaites, en ce sens qu'elles ne sont pourvues d'aucune sanction et qu'elles relèvent uniquement du for intérieur. Envisagées au point de vue actif, elles ne sont guère plus précises, car si elles s'imposent à tout le monde, personne ne peut expressément s'en prévaloir : l'exécution ou l'inexécution de ces devoirs ne dépend que de la conscience de chacun. Aussi n'encourt-on à cet égard qu'une responsabilité purement morale et absolument étrangère au domaine du Droit.

A côté de ces devoirs purement facultatifs, il en est d'autres dont la formule est plus précise, dont le prescrit est nettement défini. Ils correspondent à des droits dans le sens rigoureux du mot. Légalement obligatoires, susceptibles d'une coercition extérieure, ils sont les générateurs de notre responsabilié juridique. Au créancier qui réclame son dû, le débiteur doit *répondre* d'une façon satisfactoire, en fournissant directement la prestation à laquelle il est tenu, sinon il s'y verra indirectement contraint par voie d'exécution sur ses biens (1) et parfois même sur sa personne (2).

Il y a en effet une obligation nouvelle, qui, suivant les cas, se substitue ou s'ajoute à la première. Toutefois le non-paiement du débiteur n'entraîne pas toujours de pareilles conséquences, il faut d'abord, et dans tous les cas, qu'un dommage ait été causé; ensuite il y a lieu de faire des distinctions suivant les causes de l'inexécution de l'obligation.

Il faut donc qu'un préjudice soit subi par le créancier, car aucune réclamation n'est admise en justice si elle n'est fondée sur un intérêt sérieux.

. Cet intérêt n'existe qu'autant que le dommage découle directement de l'inexécution de l'obligation. La remarque est bonne à faire, puisqu'il y a des cours d'appel qui semblent avoir oublié ce principe. Aussi la Cour de Cassation a-t-elle dû casser un arrêt qui se bornait à relever la négligence d'une personne déterminée, sans constater

(1) Art. 2092 C. C. et 2204 et suivants.
(2) Loi du 22 Juillet 1867.

en même temps que le dommage était un résultat
de cette négligence (1).

En outre, une fois le dommage établi, il faut rechercher, suivant les circonstances, s'il y a lieu de
l'imputer au débiteur.

Les causes d'inexécution des obligations sont en
effet multiples. Il est possible que le débiteur ne
paie pas, soit par méchanceté, soit par négligence, soit simplement par ignorance, soit par suite
de l'impossibilité absolue dans laquelle il s'est
trouvé. Il va sans dire que dans cette dernière hypothèse, il ne devra pas être inquiété, puisque le
défaut de réussite provient d'une puissance étrangère à laquelle il n'a pas pu résister. Le débiteur en pareil cas est entièrement irresponsable (2). Les cas fortuits et de force majeure sont
subis par ceux qu'ils frappent. Mais il faut que ces
évènements aient réellement empêché le débiteur
d'accomplir la prestation dont il était tenu. Ainsi,
le fait du prince est considéré comme un cas de
force majeure, s'il a rendu impossible l'exécution
de l'obligation, tandis qu'il n'a pas ce caractère,
s'il n'a fait que rendre le paiement plus difficile (3).
Il faut que la cause étrangère au débiteur soit nettement établie. Un incendie dont la cause est inconnue n'est pas un cas fortuit (4). Il en est de

(1) Cass. Ch. Civ. 19 août 1874 ; Sirey 1875. I,24.
(2) Art, 1145, C. Civ.
(3) Rouen 18 nov. 1852. Sirey 1853. II,235.
Cass. 27 février 1875 Sirey 1875. I,367.
Voir Bourcart. Fce Jud. *Resp. du loc.* nos 1, 2, 3, 5.
(4) Cass. 3 juin 1874. Sirey 1874. I,444.

même du vol commis par un tiers. Il ne constitue
pas nécessairement un cas de force majeure ; il
n'en est ainsi que lorsqu'il a été commis dans des
circonstances excluant la responsabilité de celui
auquel la garde de la chose était confiée (1). Mais
quand l'existence d'un cas fortuit ou de force majeure est établie, le créancier n'a pas le droit d'inquiéter le débiteur à raison de l'inexécution de
son obligation.

Au contraire, quand c'est volontairement, et
dans le but mauvais de causer du tort à autrui,
que ce dernier ne remplit pas les devoirs dont il
est tenu, non-seulement il est moralement repré-
hensible, mais encore il est effectivement obligé
de réparer le préjudice qu'il a ainsi causé.

Il en est de même évidemment quand, sans malice intentionnelle, il s'est montré négligent des
intérêts de son créancier et quand il omet sciemment de prendre les précautions qu'il est tenu de
prendre. Au point de vue moral, sa situation sera
moins coupable, mais, pour être pure de tout dol,
sa conduite n'en sera pas moins entachée d'une
certaine mauvaise foi et cela suffira pour qu'il soit
obligé de réparer le préjudice injustement causé.
Il n'a pas commis de dol, mais il a commis une
faute.

Enfin, le débiteur est encore tenu de réparer la
perte qu'il a occasionnée dans tous les cas où il au-

____

(1) Cass. 21 juillet 1873. Dalloz 1875 I, 39.
Cass. 1er nov. 1881 Sirey 1883. I,167

rait dû et pu l'éviter. Il n'est pas nécessaire qu'on puisse lui reprocher une négligence quelconque. Il répond du préjudice causé, même s'il a ignoré l'existence de l'obligation, et ce, dans des conditions où tout le monde à sa place l'eût ignorée également. Il suffit qu'il n'ait pas accompli la prestation dont il était tenu, sans pouvoir alléguer l'excuse d'une impossibilité absolue. Il est responsable même de son simple fait.

Cette solution peut paraître rigoureuse, mais nous montrerons par la suite qu'elle s'impose nécessairement.

Nous diviserons en deux grandes catégories les causes d'inexécution des obligations : la première comprend toutes les hypothèses dans lesquelles l'inexécution a eu lieu en dehors de la volonté du débiteur ; la deuxième comprend tous les cas dans lesquels le débiteur ne peut pas se prévaloir d'une cause étrangère; elle embrasse le dol, la faute, et même le simple fait. Quand l'inexécution de l'obligation résulte d'un cas fortuit ou de force majeure, le risque est pour le créancier. Quand elle provient du débiteur, ce dernier doit réparation du préjudice injustement causé.

La Responsabilité est donc la nécessité juridique où nous nous trouvons de réparer les conséquences dommageables de l'inexécution de nos obligations.

Le principe fondamental en cette matière consiste dans la distinction des causes d'inexécution personnelles ou étrangères au débiteur. Il n'y a aucun intérêt à sous-distinguer entre les différentes causes d'inexécution étrangères au débiteur. Nous verrons, au contraire, que, parmi les causes qui lui sont personnelles, il y a lieu de sous-distinguer entre l'inexécution de bonne foi et l'inexécution de mauvaise foi, c'est-à-dire entre l'inexécution dolosive ou fautive, d'une part, et l'inexécution innocente. Nous constaterons, en outre, qu'il peut être fort intéressant de rechercher si l'inexécution de l'obligation (dans les cas où elle est de nature à entraîner la responsabilité du débiteur) consiste dans un fait ou dans une abstention ; autrement dit, si l'obligation initiale est positive ou négative. Nous verrons d'ailleurs que l'obligation dérivée de répondre est toujours positive. La responsabilité est l'obligation de réparer le dommage causé par suite d'une omission ou d'un fait prohibés en vertu d'obligations préexistantes.

Nous pouvons distinguer dès lors deux sortes de liens de droit : l'Obligation et la Responsabilité.

La responsabilité est une obligation *sui generis* qui atteint le débiteur d'une précédente obligation lorsque celle-ci reste par son fait inexécutée. Elle a un caractère de sanction. Elle est essentiellement secondaire et essentiellement dérivée. Elle résulte toujours d'un accident, d'un trouble dans les relations humaines. Son objet, c'est-à-dire l'indemnité à fournir, constitue toujours un pis-aller. Elle ne donne jamais une satisfaction directe et immédiate au but poursuivi par les

parties. Elle est une sorte d'obligation subsidiaire.
La responsabilité est virtuellement contenue dans
l'obligation, sans qu'il soit besoin d'une stipulation expresse à cet égard. Elle est le lien de droit
accidentel qui résulte du défaut de solution normale d'un lien de droit préexistant. Elle est une
combinaison de l'obligation primitive avec toute
inexécution non fortuite de cette obligation. La
responsabilité a donc deux causes : l'obligation
primaire et une omission ou un fait prohibés par
cette obligation.

Tout lien de droit dérive, quoique d'une façon
plus ou moins directe, d'une source unique : la
Loi. Et par là nous entendons exclusivement la loi
positive. Il s'en faut de beaucoup, cependant, que
ce soit toujours la loi qui, par elle-même et par elle
seule, donne naissance à tous nos engagements.
En général, au contraire, la loi ne crée d'obligations que d'une façon en quelque sorte hypothé-
tique et conditionnelle, en attachant à tel concours
de faits ou de circonstances tel ou tel effet de droit.
Il en est ainsi tout au moins des obligations légales
positives. En dehors de ces obligations relativement peu nombreuses, la loi n'édicte guère d'une
manière absolue, et sans conditions, que l'obligation générale et négative de ne point causer de préjudice à autrui. D'ailleurs, comme la loi ne peut
tout régler, ni tout prévoir, elle laisse aux parties le soin de la compléter et souvent même de
la corriger suivant leurs intérêts. Ces adjonc-
tions et ces corrections s'opèrent au moyen du

Contrat qui constitue la loi privée des parties. Enfin, pour compléter la nomenclature des sources des obligations, nous devons citer certains engagements qui se forment sans convention et qui résultent de faits licites, ce sont les quasi-contrats. En faisant rentrer cette dernière catégorie dans la précédente, nous pouvons dire que les obligations ont deux grandes sources : la Loi et le Contrat.

La loi et le contrat, nous l'avons vu, sont les deux causes premières de la responsabilité.. Les causes secondes sont d'abord les délits et les quasi-délits, c'est-à-dire les cas d'inexécution frauduleuse ou non frauduleuse des obligations légales. Ce sont ensuite toutes les omissions et tous les faits prohibés en vertu des contrats. En résumé, les cas de responsabilité dérivent tous d'une omission ou d'un fait illicite interdits à leur auteur soit par la Loi, soit par le Contrat. Nous préférons cette formule à celle que l'on emploie souvent en disant : la responsabilité résulte, soit des fautes contractuelles, soit des fautes délictuelles ; parce que le mot *faute* prête à équivoque. Il ne comporte pas, selon nous, le sens général qu'on lui attribue. S'il s'applique bien au dol et à la faute proprement dite, c'est-à-dire aux cas d'inexécution coupables, il ne nous paraît pas s'appliquer aux cas d'inexécution pure et simple imputables au débiteur, par cela seul qu'ils ne sont pas fortuits. C'est pourquoi nous pensons que cette formule est de nature à jeter l'incertitude dans les esprits. Elle peut,

notamment, engendrer un doute sur l'existence
même de la Responsabilité en dehors de toute idée
de faute. Nous aimons donc mieux dire que la
responsabilité naît de tout acte (omission ou commission) prohibé par une loi ou par un contrat.

A priori, il doit importer assez peu, semble-t-il,
en ce qui concerne la responsabilité du débiteur,
que l'obligation inexécutée ait eu sa source dans
la loi ou dans un contrat. Cependant, il est
presqu'universellement admis aujourd'hui que la
Responsabilité contractuelle et la Responsabilité
délictuelle, ou plus exactement légale, sont deux
choses essentiellement dissemblables, qu'il importe avant tout de distinguer. Quant aux autres
distinctions, on les considère comme inutiles ou
tout au moins comme secondaires. La distinction
entre la Loi et le Contrat, voilà la grosse question
en matière de responsabilité (1).

Eh bien, c'est contre ce système que nous allons
nous élever.

Nous allons démontrer d'abord qu'au point de
vue des principes, il n'y a aucune différence entre
les obligations contractuelles et les obligations
légales. Nous en concluerons aisément que responsabilité contractuelle et responsabilité légale ne
diffèrent pas plus. Nous montrerons ensuite que
cette soi-disant distinction n'a rien à voir, soit en
ce qui touche la validité des clauses de non-ga-

(1) Sainctelette, *De la Responsabilité et de la Garantie.*
Sauzet, *Revue critique,* 1883, T. L., p. 600 et suiv.

rantie, soit en ce qui regarde le fardeau de la Preuve.

Au point de vue historique de l'origine de la filiation des obligations, la différence qui sépare la Loi du Contrat est claire : nous nous trouvons obligés par la Loi, sans qu'il soit toujours besoin du concours de notre volonté ; au contraire, quand nous sommes tenus à raison du Contrat, c'est, en général, parce que nous l'avons voulu (1). Voilà la cause unique des dissemblances que l'on signale ; elles ont toutes trait au mode de création de l'obligation.

Mais ce ne sont là que des différences d'origine qui, selon nous, ne doivent entraîner aucune conséquence quant au fond. Et, en effet, de ce que telle obligation est née d'une façon ou d'une autre, s'ensuit-il, *a priori*, que nous soyons obligés autrement ? Sommes-nous plus rigoureusement tenus en vertu de la loi qu'en vertu du Contrat ? L'obligation contractuelle vaut-elle plus ou moins que l'obligation légale ? Voilà autant de questions qui, pour nous, n'en sont pas. Il n'existe, en effet, aucune différence essentielle sinon entre la Loi et le Contrat, du moins entre les obligations qu'ils engendrent. Sans doute, la Loi procède par voie de disposition générale, tandis que le contrat n'a d'effet qu'au regard des particuliers qui l'ont consenti ; mais si la Loi oblige un plus grand nombre d'individus que le contrat, le lien de droit

(1) Voir l'art. 1375 C. C.

qui en résulte n'a que la même vigueur intensive; et la loi pourrait se résoudre en une infinité de contrats particuliers. D'ailleurs, cette assimilation de la Loi et du Contrat est écrite en toutes lettres dans le Code. L'article 1134 proclame en effet que : « les conventions légalement formées tiennent lieu de loi à ceux qui les ont faites ».

Eh bien, malgré cela, on croit communément aujourd'hui que les obligations contractuelles diffèrent essentiellement et radicalement des obligations légales. On considère qu'elles ont chacune leurs règles propres, et qu'il y a un intérêt pratique énorme à les distinguer. On a été amené ainsi à soutenir qu'il y avait deux dénominations différentes pour désigner la situation juridique que ces obligations font naître : *Responsabilité* pour les obligations légales, *Garantie* pour les obligations nées du Contrat. Telle est la distinction que M. Sainctelette a érigée en dogme. bien qu'elle soit expressément méconnue par des textes (1).

Et cependant l'éminent auteur lui-même reconnaît que la loi et le contrat peuvent à la rigueur se suppléer. A cette occasion il rappelle, comment dans les sociétés germaines les textes de lois étaient rares, ce qui avait pour résultat de faire prédominer le Contrat ; et comment, au contraire, la loi tendait à tout régler dans les sociétés latines,

___

(1) Art. 2270, 1783, 1784, 1792, 1732, 1733, 1734, 1952, 1953, 1954, 1887, 1891, 1898. C. Civ. 97, 98, 99, 103. C. Com. Fenet, T. XIII., page 474.

ajoutant, que par bonheur à notre époque une proportion plus juste commence à s'établir (2).

N'est-ce pas un aveu implicite de l'identité de fonctions de la Loi et du Contrat? Il est incontestable qu'à un moment donné du développement d'une nation, les intérêts politiques, sociaux, économiques, peuvent faire réduire ou étendre le champ d'application de ces deux instruments de règne, comme les appelle M. Sainctelette, mais ces modifications extensives ou restrictives n'ont aucun caractère de nécessité scientifique, elles sont purement empiriques et purement contingentes, leur opportunité peut varier à chaque instant. Aussi nous voulons bien reconnaître, avec le jurisconsulte dont nous discutons la théorie, que l'usurpation du Contrat sur la Loi ou réciproquement puisse être un *mal*, mais nous n'admettons pas qu'elle puisse être un *mensonge*. Nous maintenons qu'il n'y a aucune différence substantielle entre la Loi et le Contrat. La Loi est un contrat général, le Contrat est une loi particulière. Autrement dit, le législateur crée parfois des obligations parfaites, d'autres fois il les laisse inachevées, abandonnant aux événements ou aux particuliers le soin de les compléter. Si l'on nous permet une comparaison tirée de l'arithmétique, nous dirons que le Contrat est à la Loi ce que l'Addition est à la Multiplication. Théoriquement, une série de

(2) Sainctelette, *De la Responsabilité et de la Garantie*, p. 6, n° 2.

contrats, à condition qu'il y ait toujours un principe qui leur donne un pouvoir générateur d'obligations, peut remplacer la Loi. Mais la réciproque ne serait pas exacte, la loi ne peut se substituer à une série de contrats qu'autant qu'ils sont tous identiques, de même que la multiplication ne peut remplacer l'addition qu'autant qu'il s'agit d'additionner des nombres égaux. Le Contrat est plus souple que la loi et se prête mieux aux besoins quotidiens des particuliers. La loi est plus rigide en ce sens qu'elle ne peut commodément se plier aux mille combinaisons que notre intérêt exige dans telles ou telles conditions déterminées. Aussi, la loi crée-t-elle d'abord des obligations en quelque sorte nécessaires et qui répondent à des besoins communs, les mêmes pour tous (1). Elle crée en outre des obligations qu'on peut appeler d'utilité commune. Mais elle ne les impose pas. La loi est dite alors facultative, parce qu'il nous est loisible de l'accepter telle qu'elle est ou bien de la compléter de la corriger à notre guise, au moyen du Contrat (2). Celui-ci nous apparaît alors comme une émanation directe de la loi, et pratiquement comme la loi elle-même, au même titre qu'un règlement d'administration publique ou que l'arrêté d'un maire ou d'un préfet.

Aussi sommes-nous fermement convaincu

(1) Nulla lex satis commoda omnibus est; id imo quæritur, si majori parti et in summam prodest. (Tite Live, liv. 34, ch. II.)

(2) Art. 6, 1123, 1134, 1152, Code civil.

qu'il n'y a rien à induire relativement à la qualité d'une obligation, ni relativement à la responsabilité qu'elle contient en germe, de cette circonstance parfois accidentelle qu'elle dérive d'une loi ou d'un contrat ; parce que cette différence est purement externe et n'a rien de réel ; parce que ces expressions loi et contrat ne sont que des étiquettes qui ne nous révèlent rien sur le contenu des obligations.

On ne sait rien de l'état civil d'un enfant, quand on sait seulement dans quel registre se trouve son acte de naissance. De même, on ne connaît pas la nature d'une obligation, sa valeur intrinsèque quand on sait simplement qu'elle résulte d'un texte de loi ou d'un acte privé. Il faut lire l'article de loi ou l'instrument qui constitue en quelque sorte son acte de naissance, pour pouvoir énoncer d'une façon précise un seul des caractères qu'elle présente ; on ne peut rien préjuger de la suscription *loi* ou *contrat*.

Il existe d'ailleurs une foule d'obligations dont l'origine est double, moitié contractuelle, moitié légale. S'il fallait, pour connaitre leurs caractères, rechercher quelle est dans chacune d'elles la part de la Loi et la part du Contrat, on se livrerait souvent à une analyse laborieuse, dont le résultat ne serait pas toujours satisfaisant.

Enfin, si l'opinion que nous critiquons était fondée, elle aurait cette singulière conséquence qu'une obligation conçue de la même façon, décrite dans les mêmes termes aurait une vertu dif-

férente, suivant qu'elle émanerait du législateur
ou des particuliers. Il faudrait dire encore dans ce
système que quand une personne stipule d'une
autre ce qu'elle a déjà le droit d'exiger d'elle en
vertu de la loi, une novation se produit nécessairement par la toute-puissance du contrat, sans
que les parties aient rien changé à l'obligation
préexistante. Des stipulations de cette sorte se
rencontrent fréquemment dans les actes rédigés
par les notaires, et personne n'a jamais soutenu
qu'ils aient modifié le prescrit de la Loi en en sté-
réotypant les articles.

Nous pouvons conclure en disant que la Loi
et le Contrat constituent, en fait, les deux
sources des obligations. Mais les produits de ces
deux sources peuvent être absolument semblables,
présenter les mêmes variétés, les mêmes caractères. La situation du débiteur contractuel est la
même que celle du débiteur légal.

L'exagération même de la doctrine que nous
venons de combattre en a fait naître une autre
qui marque bien les défauts de la précédente,
mais à laquelle on peut reprocher une exagération contraire. Cette doctrine a été formulée
dans un article de la *Revue Critique* signé
Lefebvre. (1) Pour ce jurisconsulte, il n'y a pas
deux sortes de responsabilité, il n'y en a qu'une.
La responsabilité contractuelle n'existe pas. Toute
responsabilité provient d'une faute et par consé-

(1) *Revue Critique*. Année 1886. page 485.

quent est délictuelle. « Nous ne prétendons pas que
le contrat qui crée une relation quelconque entre
un homme et une chose ou entre deux hommes
ne modifie en rien la responsabilité ; nous soute-
nons seulement qu'il ne modifie pas la nature de
la responsabilité et qu'il ne crée pas une responsabilité spéciale (1). » Aussi toute la théorie de la
responsabilité est-elle contenue dans l'article 1382.
Il y a lieu à responsabilité, quand un dommage a
été causé, si ce dommage est le fait de quelqu'un
et si ce fait est imputable à faute. Mais M. Lefebvre entend le mot faute dans un sens large. Il y a
faute, manquement au devoir, quand on fait ce
qu'on n'a pas le droit de faire et quand on ne fait
pas ce qu'on a l'obligation de faire. Autrement dit,
la faute est un fait illicite probihé, soit par la loi,
soit par le contrat. A ce dernier point de vue, nous
ne différons de M. Lefebvre qu'en ce qui regarde
la terminologie ; il prend le mot faute dans son
acception la plus large, qui d'ailleurs est la plus
commune, tandis que nous l'entendons dans un
sens plus restreint. Mais pour lui, comme pour
nous, il y a lieu à responsabilité dans les mêmes
cas. Maintenant nous ne croyons pas qu'il soit
vrai de dire qu'il n'y a qu'une seule responsabilité,
car en fait il est bien certain que la responsabilité
a deux grandes sources : la loi et le contrat ;
M. Lefebvre a néanmoins parfaitement raison,
lorsqu'il affirme que la nature de la responsabilité

(1). Lefebvre. loc. cit.

est toujours la même. Il est évident, nous l'avons
démontré, qu'il n'existe aucune différence entre
l'obligation virtuelle de responsabilité qui dérive
de la loi et celle qui dérive du contrat. Le contrat a simplement pour effet, en ce qui regarde
la responsabilité, d'étendre ou de restreindre la
liste des faits réputés illicites de par la Loi.

Cependant, en partant de ces prémisses exactes,
M. Lefebvre est arrivé aux conclusions les plus
étranges. Il suppose qu'au moyen d'un bail ou
d'un autre contrat quelconque, le propriétaire
d'un corps certain en ait transféré la possession
tout en restant propriétaire. Pendant la durée du
contrat, la chose vient à périr sans que l'on sache
pourquoi : et voilà le contrat rompu et le détenteur libéré. Il faut bien remarquer, nous dit-on,
qu'il n'était pas tenu de transférer la propriété de
la chose, mais simplement la possession. Or,
comme l'exécution de cette obligation est impossible, le débiteur est libéré. Nous ne saisissons
pas très bien la portée de la remarque, exacte en
elle-même, d'après laquelle c'est la possession
seule qui est due, car, si le débiteur était tenu de
transférer la propriété, l'exécution directe de son
obligation serait tout aussi impossible que l'exécution de l'obligation qui nous occupe. Mais si l'exécution directe est impossible, il n'en est plus de
même de l'exécution indirecte, du paiement par
équivalent au moyen des dommages-intérêts. Et
n'est-ce pas le cas pour le tribunal d'en accorder ?
La chose est sortie du patrimoine du propriétaire,

soit, mais il éprouve un dommage, il peut avoir
une action en responsabilité à la condition de
prouver d'après M. Lefebvre « que le détenteur a
commis une faute et que cette faute est la cause
du dommage. » Sans aborder encore les difficultés spéciales à la question de preuve, nous pouvons faire remarquer que la réalisation de cette
condition sera facile. La faute résulte toujours, en
effet, d'après la définition même de M. Lefebvre, de
ce que le débiteur « a fait ce que lui était interdit par la loi, contrat général, ou par la convention,
loi particulière. » Eh bien, dans l'espèce proposée,
le débiteur contractuel, détenteur du corps certain,
était obligé par son contrat, non pas à transférer
la propriété de la chose louée ou prêtée, mais simplement la possession. Or, puisqu'il n'accomplit
pas cette obligation, il est en faute et partant responsable, car « il y a faute... quand on ne fait pas
ce qu'on a l'obligation de faire. » Il est vrai que
cette obligation de transférer la possession ne résulte pas de la loi ; mais le contrat, sans créer de
responsabilité spéciale, peut modifier la responsabilité édictée par la loi.

Les conclusions de M. Lefebvre sont donc bien
loin de se déduire logiquement des principes qu'il
a posés.

Son erreur vient de l'interprétation inexacte
qu'il donne de l'article 1302 du Code civil : « Lorsque le corps certain et déterminé qui était l'objet
de l'obligation vient à périr... ou se perd de manière qu'on en ignore absolument l'existence,

l'obligation est éteinte si la chose a péri ou a été perdue sans la faute du débiteur. » Cet article entend le mot *faute* dans le sens large que nous avons critiqué, c'est-à- dire qu'il déclare le débiteur responsable de la perte de la chose, quand celle-ci ne provient pas d'une cause à lui étrangère, notamment. d'un cas fortuit. Aussi, de crainte qu'il n'y ait le moindre doute à cet égard, le législateur ajoute « le débiteur est tenu de prouver le cas fortuit qu'il allègue. » Mais M. Lefebvre raisonne de la façon suivante : la perte de la chose aux termes du premier alinéa de notre article, libère le débiteur de son obligation. Il n'en saurait être autrement qu'au cas où cette perte serait le résultat d'une faute imputable au débiteur. Et ici il semble bien que M. Lefebvre entende le mot dans le sens restreint que nous lui avons fixé. Pour lui la perte dont on ignore la cause ne constitue pas une faute, quoiqu'en pareil cas le débiteur ne fasse pas ce qu'il avait l'obligation de faire. Le jurisconsulte dont nous combattons la doctrine semble ici exiger pour qu'il y ait faute, que l'inexécution de l'obligation implique une certaine culpabilité morale de la part du débiteur. Voilà comment il est amené à conclure, au rebours de l'article, que le fardeau de la preuve du cas fortuit ne devrait pas être imposé au débiteur (1).

(1) L'erreur que nous signalons résulte comme on le voit, de l'emploi successif du mot faute dans deux sens différents, ce n'est donc pas sans raison que nous avons insisté pour préciser la portée exacte de cette expression.

Mais nous n'avons ici qu'à nous préoccuper du fond du Droit. A cet égard, il est certain que le débiteur répond de la perte de la chose, chaque fois que la cause de cette perte ne lui est pas étrangère, car cette perte entraîne une omission probihée par son contrat et dont il doit réparation.

On voit, par là, que l'intervention de la responsabilité contractuelle a un grand intérêt pratique, quand bien même au point de vue théorique, la responsabilité née du contrat ne diffère en aucune façon de celle qui provient de la loi. Il ne faut donc pas oublier qu'en fait, l'intervention d'un contrat peut donner naissance à une responsabilité dans des circonstances ou de par la loi seule il n'y aurait rien eu.

Nous avons démontré qu'il n'y a aucune espèce de différence essentielle entre les obligations légales et les obligations contractuelles. Il va de soi qu'il ne saurait y en avoir davantage entre la responsabilité qui résulte de la loi et celle qui provient d'un contrat. Il n'y a donc pas lieu d'insister autrement sur les distinctions qu'on a voulu faire à cet égard.

Ce qu'il importe de discerner avec soin au point de vue de la matière qui nous occupe, c'est la responsabilité, obligation secondaire, de l'obligation primaire dont elle est la sanction. Ce sont là deux choses éminemment dissemblables et que cependant l'on confond bien souvent.

Pour éviter une pareille confusion, il faut

ranger dans une catégorie spéciale, les liens de droit qui naissent directement et immédiatement de la loi ou du contrat et les opposer aux liens de droit accidentels que les premiers engagements contiennent d'une façon virtuelle et qui se réalisent lorsque le débiteur suit une ligne de conduite contraire à celle qui lui est imposée soit par la loi, soit par son contrat. Quand nous traiterons du fardeau de la preuve, nous verrons quel est l'intérêt de cette distinction. En ce qui regarde le fond même du droit, il est intéressant de remarquer que lorsque nous sommes en face d'une obligation primaire, le débiteur se trouve obligé *ipso facto* par la toute-puissance de la loi ou du contrat, sans qu'il soit en aucune façon besoin de l'intervention d'un acte illicite quelconque. Ainsi un individu me promet un cheval, il me doit ce cheval, il est obligé de me le fournir par cela même qu'il me l'a promis, abstraction faite de toute autre considération. Une personne trouve un enfant: elle est tenue de le remettre à l'officier d'état-civil, ainsi que les vêtements et autres effets trouvés avec l'enfant. L'article 58 du Code Civil lui en impose le devoir formel.

Voilà deux exemples d'obligations primaires; elles découlent d'une façon immédiate de la loi ou du contrat. Les intéressés sont directement autorisés à s'en prévaloir, sans que leur droit soit le moins du monde subordonné aux faits et gestes du débiteur.

Il est sans doute évident que si ce dernier n'exé-

cute pas la prestation dont il est tenu, s'il laisse périr le cheval ou s'il ne remet pas l'enfant, il sera responsable et il aggravera ainsi son obligation originaire. Mais le créancier n'est pas obligé de rechercher si un fait du débiteur a fait naître à son profit une créance en responsabilité, et il lui est parfaitement loisible de se prévaloir exclusivement de sa créance initiale née directement de la loi ou du contrat.

Il est superflu, il peut même être périlleux de recourir à une action en responsabilité, alors qu'il est possible d'invoquer utilement une obligation pure et simple.

Donc au lieu d'opposer comme M. Sainctelette responsabilité à garantie, nous opposons responsabilité à obligation. Au fond, nous ne sommes pas éloignés de croire que c'est en réalité notre distinction que M. Sainctelette a eue en vue; mais il l'a faussée en cantonnant exclusivement la garantie dans le domaine du contrat et la responsabilité dans celui de la loi. Si nous voulions spécialiser l'emploi de ces deux expressions, nous dirions qu'il peut y avoir lieu à garantie et à responsabilité en matière légale comme en matière contractuelle. Nous appellerions garantie l'obligation qui naît directement de la loi ou du contrat et responsabilité l'obligation de réparer les conséquences des faits illicites. En modifiant ainsi le sens des expressions de M. Sainctelette, nous accepterions la plupart de ses conclusions.

Cette distinction de l'obligation et de la responsabilité qui, comme nous venons de le constater, a été entrevue par M. Sainctelette, a été entièrement méconnue par M. Lefebvre. C'est ce qui nous explique l'interprétation étrange qu'il donne de l'article 1302. Lorsque la chose a péri sans que l'on sache pourquoi, nous dit-il en substance, est-il juste de supposer que c'est par suite d'une cause personnelle au débiteur? Pourquoi au contraire ne présumerait-on pas le cas fortuit? N'est-il pas de règle que le doute profite au débiteur? L'article 1302 est donc contraire au droit naturel en ce qu'il impose à ce débiteur la preuve du cas fortuit qu'il allègue. Il est en effet certain que le débiteur n'est responsable que si la perte de la chose résulte d'un fait à lui imputable; donc en dehors de l'existence démontrée de ce fait, il ne peut y avoir de responsabilité.

Au point de vue spécial de la responsabilité, le raisonnement que nous venons de produire est inattaquable. Mais il faut conclure autrement, si l'on fait intervenir l'obligation initiale de donner. Le débiteur a promis un corps certain, il faut qu'il le livre. Mais ce corps a péri. Qu'importe, le lien de droit n'a pas péri avec lui. Le débiteur ne s'est pas engagé à fournir tel cheval, au cas où celui-ci serait vivant à l'époque fixée pour la livraison ; il s'est engagé en termes absolus à fournir ce cheval. Sans doute, si le corps certain objet de l'obligation vient à périr, non pas d'une façon quelconque, mais par suite d'un cas fortuit ou de force majeure, le débiteur sera libéré. Donc lorsqu'il y a doute sur la cause de la perte, ce doute ne porte pas sur l'obligation du débiteur, mais sur sa libération.

Il y a doute sur le point de savoir s'il est responsable.

Il n'y a aucun doute sur le point de savoir s'il est obligé.

Ce seul exemple suffit, en ce qui regarde le fond du droit, à mettre en relief l'intérêt qu'il y a à distinguer entre l'obligation primaire et l'obligation accidentelle qui constitue la responsabilité.

Nous allons étudier la responsabilité en elle-même, maintenant que nous en avons nettement dégagé la notion. Nous avons dit que les faits de nature à entraîner la responsabilité du débiteur étaient de deux sortes : omissions et commissions. Nous allons examiner séparément la responsabilité dans les obligations positives et dans les obligations négatives. Ensuite, nous rechercherons quel intérêt il peut y avoir à se préoccuper des conditions morales de l'inexécution d'une obligation.

Toutes les obligations ont pour effet d'obliger à donner, à faire, ou à ne pas faire. Cela est aussi vrai pour les obligations légales que pour les obligations contractuelles, bien que l'article 1101 du Code civil n'en fasse la remarque que pour les contrats.

Les obligations de donner et de faire sont positives, l'obligation de ne pas faire est négative (1).

(1) Mais il ne faudrait pas croire que ces obligations se

Pour satisfaire aux deux premières, il faut un effort actif de la part du débiteur ; pour satisfaire à la troisième, il suffit de rester purement passif : le débiteur paye en s'abstenant.

L'objet des deux premières constitue une richesse économique ; l'objet de la troisième, quoique parfois fort utile au créancier, n'a qu'un intérêt tout relatif et n'a pas la moindre valeur intrinsèque.

Nous allons d'ailleurs, examiner en détail ces différents types d'obligation.

Commençons par l'obligation de donner.

Si, comme il arrive le plus souvent, le débiteur fournit ponctuellement la prestation à laquelle il est obligé, il n'y a pas de question. Le créancier a obtenu la satisfaction qu'il était en droit d'exiger.

Si au contraire, en fait, l'obligation reste inexécutée, différentes hypothèses peuvent se présenter.

Tout d'abord il est hors de doute que quand l'inexécution matérielle est le résultat d'une

présentent toujours en fait d'une façon isolée avec un caractère unique et pur de tout mélange. Chaque obligation principale peut entraîner avec elle une foule d'obligations accessoires qui naissent de plein droit, sans stipulation expresse. D'abord elle doit être exécutée de bonne foi, ensuite elle oblige non-seulement à ce qui y est exprimé, mais encore à toutes les suites que l'équité, l'usage ou la loi lui donnent d'après sa nature, (Article 1135 du Code civil). L'on conçoit à merveille que ces obligations particulières puissent présenter les caractères les plus variés, qui parfois sont diamétralement opposés à ceux de l'obligation principale. C'e t ainsi que l'obligation positive de garantir entraîne l'obligation négative de ne pas évincer.

faute ou d'un dol du débiteur, ce dernier sera responsable. Cela résulte très-nettement des articles 1137 et 1382. Personne, d'ailleurs, ne le conteste.

Ensuite il est non moins certain que si c'est un cas fortuit ou de force majeure qui empêche la livraison de la chose due, le débiteur sera libéré. C'est en ce sens qu'on a toujours entendu la maxime : « *Debitor rei certæ interitu liberatur* ». La perte est pour le créancier (1). Il en serait ainsi, d'ailleurs, même au cas où la convention n'aurait pas eu pour effet de lui transférer la propriété (2).

Nous venons de voir ce qui se passe en cas d'inexécution coupable et d'inexécution fortuite de l'obligation; mais cette inexécution peut provenir d'une troisième cause qui tient en quelque sorte le milieu entre la faute et le cas fortuit. C'est ce que nous avons appelé la responsabilité du *fait* et que la plupart des jurisconsultes qualifient improprement de faute. Il existe, en effet, des hypothèses dans lesquelles la responsabilité du débiteur n'implique en aucune façon sa culpabilité. Ainsi un individu trouve dans la succession de son auteur un objet que ce dernier détenait à titre de prêt à usage. Il dispose de cet objet dont il croit être propriétaire. Le commodant l'actionne en restitution de la chose prêtée, l'héritier du débiteur se trouve dans l'impossibilité de la restituer; il n'en sera cependant pas moins tenu de payer une

(1) Article 1138 C. C.

(2) V. Note de M. Col. de Sant. sous Cass. Rome 18 déc. 1884; Sirey 1885, IV,17.

indemnité au prêteur, car le débiteur d'un corps
certain est responsable des détériorations ou des
pertes qui surviennent à la chose, non-seulement
par sa faute, mais simplement aussi par son fait (1).
Dans cette hypothèse, malgré la perte de la chose,
le débiteur sera contraint d'indemniser le créancier, indépendamment de toute idée de faute,
par cela seul qu'il y a inexécution non fortuite de
l'obligation initiale de donner. On a prétendu
qu'en pareille hypothèse, ce n'est pas par suite de
son simple fait, mais bien par suite d'une faute
présumée que le débiteur est responsable. Nous
insisterons par la suite sur cette idée et nous
montrerons combien il est inutile et inexact de
dire qu'il y a présomption de faute (2). Indiquons
toujours en passant, que, si une pareille façon de
parler peut se concevoir alors que la cause de la
perte de la chose est inconnue, alors qu'en fait on
ne sait si elle résulte d'une faute imputable au débiteur ou d'un cas fortuit, cette présomption ne peut
même pas être proposée quand la cause de la perte
est parfaitement connue, parfaitement démontrée;
quand il est établi que sans la faute du débiteur,
c'est par son fait que la chose a péri. Cette théorie,
d'après laquelle on présume la faute, provient en
droite ligne du sens équivoque que les jurisconsultes attachent au mot *faute*. Au lieu de forcer le
sens de cette expression, n'est-il pas plus naturel,
quand une chose a péri, sans que la faute soit éta-

(1) Voir Art. 1245, C. C.
(2) V. Chap. III, *Du fardeau de la preuve*, page

blie, mais sans que le cas fortuit le soit davantage,
de dire avec l'article 1245 du Code Civil que le débiteur répond du simple fait de l'inexécution ? Il
est tenu, non pas parce qu'il est présumé en
faute, mais simplement parce qu'il a contracté,
parce qu'il s'est obligé, et qu'il n'a pas exécuté son
obligation. Au surplus, si l'on veut nous permettre
de nous exprimer d'une façon moins juridique,
pour donner satisfaction à ceux qui veulent à tout
prix parler de présomption, nous dirons que le débiteur est tenu d'indemniser le créancier, au cas
de perte de la chose sans cause connue, parce
que le cas fortuit ne se présume pas; en faisant
remarquer que cette proposition n'implique en
aucune façon, qu'à l'inverse la faute se présume.

En ce qui concerne la responsabilité non fautive
dérivant de l'obligation, nous allons faire une remarque à laquelle nous attachons une importance
capitale, et dont nous verrons l'application quand
nous traiterons du fardeau de la preuve. Elle consiste en ceci : Il n'existe aucune différence pratique
entre la responsabilité non coupable et l'obligation première de donner. On dira que le débiteur
est responsable, si l'on envisage, d'une part, son
obligation, d'autre part, l'inexécution de cette
obligation ; on dit qu'il est obligé si l'on néglige le
second élément de la responsabilité, qui, en
somme, n'a rien de positif ni de réel.

Mais on soulèvera peut-être une objection.

Sans aller jusqu'à dire avec M. Lefebvre, que,
par suite de la seule perte de la chose, toute obli-

gation ait disparu, on soutiendra, peut-être, que l'obligation première a cessé d'exister, qu'en conséquence le débiteur n'est plus obligé; qu'il ne saurait être que tout au plus responsable.

Mais les choses ne vont pas ainsi. La perte simple de la chose due ne porte aucune atteinte au droit du créancier. Ce droit ne peut être paralysé qu'en cas de perte fortuite; en dehors de cette hypothèse, il reste debout. Ce qui se trouve modifié, ce n'est pas le droit lui-même, mais le mode d'exécution de ce droit. Par la force même des choses, le créancier ne peut plus obtenir directement le paiement sur lequel il a toujours le droit de compter. Il se trouve contraint en fait de se contenter d'un paiement par équivalent. Cela d'ailleurs résulte nettement d'un texte du Code Civil: « L'obligation de donner emporte celle de livrer la chose et de la conserver jusqu'à la livraison, à peine de dommages-intérêts envers le créancier » (1). C'est tout simplement l'exécution de l'obligation initiale effectuée sous une autre forme. Le débiteur ne peut plus donner la chose promise: à l'impossible nul n'est tenu; mais l'accomplissement de l'obligation est possible dans une certaine mesure, par voie de compensation; voilà pourquoi le débiteur est tenu de remplir l'obligation comme il le peut. Il y a là comme une sorte de force majeure spéciale qui n'a pas éteint le droit, mais qui en a modifié l'exécution. Nous voyons donc qu'en

______

(1) Art. 1136 C. C.

cas d'inexécution non fautive, le créaneier peut à
son choix se prévaloir de l'obligation première ou
bien de l'obligation secondaire, autrement dit de la
responsabilité. Nous pouvons ajouter qu'il en sera
encore ainsi, même au cas d'inexécution fautive,
cal e créancier n'est pas obligé de rechercher si
son débiteur est en faute ou non. Dès lors qu'il n'y
a pas inexécution fortuite, le lien de droit originaire conserve toute sa vigueur. Le créancier
peut toujours se contenter de cette créance; il n'est
pas obligé de rechercher si une autre créance est
née à son profit.

En ce qui concerne l'obligation de faire, nous
nous contenterons de rappeler sommairement les
observations qui précèdent. Elle offre en effet avec
l'obligation de donner de nombreuses analogies.
Comme elle, elle contient virtuellement l'obligation de réparer la faute commise, mais aussi,
comme dans l'obligation de donner, il n'est pas
nécessaire que l'inexécution de l'obligation soit
fautive, pour obliger le débiteur à indemniser le
créancier, il suffit que cette inexécution ne soit
pas causée par un cas fortuit ou de force
majeure. Mais les différences qui séparent ces
deux sortes d'obligations n'ont qu'un intérêt secondaire, au point de vue où nous nous plaçons.
Ce qui nous importe avant tout, c'est de constater
que dans les obligations positives, deux voies de
droit s'offrent au créancier en cas de non-paiement.

Nous allons voir s'il en est de même dans les
obligations négatives.

L'obligation négative, nous l'avons vu, n'oblige à rien par elle-même, le débiteur n'a rien à donner, ni rien à faire ; il lui suffit de s'abstenir pour être en règle avec son créancier. Aussi, *a priori*, ce paiement semble-t-il facile ; il s'en faut cependant de beaucoup qu'il en soit toujours ainsi. L'exécution d'une telle obligation est parfois très onéreuse, non point parce qu'elle appauvrit le débiteur, mais parce qu'elle l'empêche de s'enrichir. On peut citer à titre d'exemple le cas du médecin, qui, cédant sa clientèle à un confrère, s'interdit l'exercice de la médecine. Elle diffère de l'obligation positive, en ce sens que le créancier n'en peut réclamer en justice le paiement direct : on ne peut empêcher, surtout d'une façon préventive, des faits qui, en eux-mêmes, n'ont aucun caractère délictueux. Pour cette obligation, il ne peut y avoir de paiement direct en dehors du paiement volontaire. Nous savons qu'à l'inverse, il n'en est pas toujours ainsi dans les obligations positives de donner et de faire, et que le créancier peut faire saisir chez son débiteur la chose par lui due, ou faire exécuter à ses dépens les travaux qu'il refuse d'effectuer ; le créancier obtient alors une satisfaction parfaite, s'il n'a pas contracté en considération de la personne de son débiteur.

Il est vrai que dans l'obligation négative le créancier peut bien parfois faire détruire ce qui a été fait au mépris de l'obligation, mais après cela, il n'a aucun moyen efficace de s'assurer par

la suite l'abstention du débiteur. Il y a d'ailleurs
des obligations de ne pas faire pour lesquelles la
contravention est irréparable. C'est ce qui a lieu
au cas de mort ou de blessures données par imprudence, ou encore en cas de révélation de secret
professionnel ou de divulgation de lettres confi-
dentielles.

Autre remarque importante : dans l'obligation
négative on ne trouve rien d'équivalent à la demeure du débiteur que l'on rencontre dans l'obligation positive. Le débiteur d'une obligation négative ne peut suivre que deux lignes de conduite
extrêmes : s'abstenir, ou bien contrevenir à l'obligation. Il résulte de cela que les cas fortuits et de
force majeure ne seront pas imputables au débiteur d'une obligation négative dans des cas où
ils pourraient l'être, s'il s'agissait d'une autre
obligation.

En réalité le débiteur qui est obligé à ne pas
faire ne remplit directement son obligation que
s'il le veut bien. Aussi la principale utilité pour le
créancier réside-t-elle non pas dans l'obligation
initiale, mais dans l'obligation virtuelle d'indemniser le créancier, lorsqu'il y sera contrevenu.
Alors de négative qu'elle était, l'obligation est devenue positive.

L'on peut dire, en effet, que l'obligation négative n'est guère qu'une obligation positive conditionnelle, dont la condition suspensive est
l'accomplissement du fait prohibé par l'obligation
initiale. Il suit de là que le créancier ne peut se

prévaloir utilement de cette obligation que quand la condition est accomplie. Toutefois, il ne faut pas prendre cette formule trop à la lettre. Elle n'est exacte qu'en ce qui concerne le droit d'action du créancier. Nous ne prétendons pas, d'une façon générale, que l'obligation négative ne profite au créancier que lorsqu'elle est violée.

Il existe une première catégorie d'obligations négatives, qui semblent moins des obligations proprement dites que des conséquences, soit de droits réels, soit de droits inhérents à la personne, envisagés au point de vue des tiers. Les obligations négatives, que présuppose l'article 1382, sont de cette nature. Elles ne constituent pas une richesse, elles ne sont pas comparables à la propriété, elles ne tendent même pas à l'établir, leur but est seulement de la faire respecter. Il en est de même de là responsabilité que leur violation engendre ; puisqu'elle ne permet au créancier que d'obtenir réparation du préjudice subi.

A côté de ces obligations négatives, il en est d'autres qui enrichissent véritablement le créancier. Elles ne s'imposent en général qu'à une ou à plusieurs personnes déterminées, qu'elles privent de certaines facultés. Au moyen de ces obligations, nous pouvons empêcher nos semblables d'accomplir certains actes qui, bien que licites, d'après la loi, sont cependant de nature à nous causer préjudice. Cette dérogation au droit commun, introduite en notre faveur, nous enrichit d'autant. Alors, l'obligation négative a pour effet de placer une

personne dans un certain état de dépendance
à l'égard d'une autre. Mais le respect de cette
obligation n'est assuré que par la crainte de la
responsabilité que son inexécution ferait encourir.

Il est impossible d'obtenir en justice l'exécution directe de l'obligation négative ; un tribunal ne peut condamner directement à une
abstention. Le créancier ne peut avoir d'action,
que quand le débiteur a accompli l'acte prohibé.

En vertu de l'obligation négative initiale, le
créancier ne peut rien exiger, puisque l'objet de
cette obligation n'est qu'une abstention ; il ne peut
demander de dommages-intérêts que quand le
fait illicite a été commis. Telle est bien, d'ailleurs,
l'intention du législateur ou des parties : le débiteur n'est d'abord obligé qu'à s'abstenir, et ensuite
à payer s'il ne s'abstient pas, mais seulement s'il
ne s'abstient pas.

Nous voyons par là combien l'obligation positive
et l'obligation négative diffèrent l'une de l'autre.
La première est parfaite en ce qu'elle confère par
elle-même et par elle seule un droit d'action au
créancier ; la deuxième est imparfaite, car elle ne
contient le même droit que d'une façon virtuelle :
il faut qu'un fait du débiteur vienne le réaliser.

A part cette différence, les causes d'inexécution
sont les mêmes, et elles produisent les mêmes
résultats.

Quand le débiteur, par suite d'une puissance à
laquelle il ne peut résister, se trouve obligé de
contrevenir à l'obligation, il est irresponsable. Il

répond au contraire de son dol, de sa faute et
même de son simple fait. Pour écarter toute
espéce de doute, nous allons donner un exemple
de ce dernier cas de responsabilité. Supposons
qu'une personne ait cédé le droit de chasse sur ses
terres, et se soit par la même convention, interdit
l'usage de ce même droit. Cette personne vient à
mourir. L'héritier, qui ignore le contrat passé par
son autèur, chasse sur les immeubles qu'il
recueille dans la succession. Il ne commet aucune
espèce de faute, mais il est clair qu'il n'en est pas
moins responsable (1).

Quand, une fois l'acte de commission est
accompli, l'obligation de le réparer est devenue
formelle, positive, parfaite; et le débiteur est responsable, à moins qus l'acte de commission ne
soit le résultat d'un cas de force majeure ou d'un
cas fortuit.

Dans l'obligation négative, le débiteur répond
de son simple fait, comme dans l'obligation positive, il répond de sa simple inaction! Il ne faudrait
pas croire toutefois que, même à cet égard, leur
situation soit identique, car l'inexécution matérielle de l'obligation positive implique fatalement
l'inaction du débiteur, tandis que l'inexécution de
l'obligation négative n'implique pas nécessairement le fait de l'obligé. Ce dernier ne saurait donc
être responsable que quand il est l'auteur de l'acte
illicite. Mais nous l'avons vu, il n'est pas nécessaire

____

(1) Argument tiré de l'article 1245. C. Civ.

qu'il soit en faute. Dailleurs l'article 1145 du C. Civ.
le dit expressément pour les obligations contractuelles: « Si l'obligation est de ne pas faire, celui
qui y contrevient doit les dommages-intérêts,
par le seul *fait* de la contravention ; » le tout, bien
entendu, sauf convention contraire. Pour les obligations légales, l'art. 1382 emploie cumulativement les expressions *fait* et *faute*, mais l'intention du législateur ne se dégage pas très nettement.
Nous considérons que le simple fait est suffisant
pour entraîner la responsabilité de son auteur.
Cette opinion n'est point celle qui prévaut en doctrine, elle est même rejetée par presque tous les
auteurs. Elle n'est point admise davantage en
jurisprudence, et cependant elle nous paraît être
l'expression de la vérité. Aussi nous ne partageons
pas l'opinion de la Cour de cassation, lorsqu'elle
décide qu'il ne suffit pas de constater un rapport
de causalité entre un dommage occasionné et le
fait matériel d'une personne, mais qu'il faut en
outre relever et préciser la faute commise par l'auteur de ce fait. (1)

La jurisprudence belge paraît fixée dans le
même sens. (2)

La responsabilité légale, pas plus que la responsabilité contractuelle, ne doit être limitée aux faits
constitutifs de faute ; elle englobe tous les faits

(1) Cass. 12 Déc. 1873; Sirey, 1874. I. 184.
Cass. 19 Juillet 1870 Sirey, 1871. I. 9. et la note.
Cass. 2 Décembre 1884 Sirey, 1886. I, 367.
(2) C. de Bruxelles, 16 Avril 1872. Belg. Jud, 1872, p. 1313.

illicites, tous les faits défendus. Par faits illicites.
il faut entendre tout ce que l'on n'a pas le droit de
faire (1). Cette formule comprend la faute, mais
elle va certainement au delà. Le jurisconsulte Paul
dit quelque part, que nul ne répond du préjudice
qu'il cause à autrui, en usant de son droit (2).
Nous disons à l'inverse, chacun doit répondre du
préjudice qu'il cause à autrui, quand il le cause
sans droit.

Peut être, au point de vue purement rationnel,
serait-il préférable que le fait dénué de faute,
n'entrainât pas la responsabilité de son auteur.
Nous ne nions pas, d'ailleurs, qu'il puisse y avoir
des dispositions législatives édictées en ce sens.
Mais nous croyons qu'en général, la loi comme
le contrat, a pour effet d'entraîner la responsabilité des actions ou des omissions prohibées, alors
même que ces omissions ou ces actions n'impli-
queraient pas la faute de leur auteur.

Du reste, au point de vue pratique, ce système
est infiniment plus avantageux : chaque membre
de la société se trouve ainsi plus directement in-
téressé à ne pas léser son semblable.

Il existe différentes matières pour lesquelles il
est hors de doute que le fait seul sans la faute,
entraîne la Responsabilité. Il est certain, par
exemple, que le seul fait de fabrication d'un

(1) Quod non jure fit. Loi 5. § 1. Ad. leg. Aq.
(2) Nemo damnum facit nisi qui id facit quod facere jus
non habet. Loi 151. De reg. juris.

objet breveté, oblige le fabricant à payer des dommages-intérêts à l'inventeur. (1) La loi porte
que toute *atteinte* aux droits du breveté, soit par
la fabrication de produits, soit par l'emploi des
moyens faisant l'objet de son brevet, constitue le
délit de contrefaçon, et oblige naturellement son
auteur à réparer le préjudice qu'il cause. A cet
égard il ne peut pas y avoir de doute, l'expression
dont se sert le législateur étant absolument générale. On est donc bien obligé de reconnaître que le
fait par lui-même engendre la responsabilité, sans
qu'il soit besoin de la prestation d'une faute ; sinon
on est amené à dire que dans tous les cas, le fait
de fabrication sera fautif par cela seul, je suppose, que les brevets ayant une certaine publicité,
le fabricant aurait pu se rendre compte de l'obstacle juridique que le brevet avait apporté à sa libre
fabrication. Mais alors, on fausse manifestement
l'idée de faute, car une semblable négligence ne
sera pas nécessairement fautive dans tous les cas,
ni chez tous les individus.

Il y a d'autant moins de raison de douter, selon
nous, c'est qu'à l'occasion d'une catégorie d'obligations quasi-délictuelles, le législateur a nettement
formulé son intention. L'article 1384 en effet établit
que la responsabilité des père et mère, instituteurs
et artisans, à raison des actes illicites commis par
leurs enfants ou leurs élèves, aura toujours lieu à
moins que ceux-ci ne prouvent qu'ils n'ont pu

____

(1) Art. 40. Loi 5 Juillet 1844.

empêcher le fait qui donne lieu à cette responsabilité. *Mutatis mutandis*, la fin de cet article
n'est que la répétition des dispositions des articles
1302 et 1147, relatives à la cause étrangère. Mais,
pour ceux qui nient la responsabilité du simple
fait, l'article 1384 édicte une présomption de
faute. Rationnellement une pareille présomption
ne se conçoit pas. Il n'y a pas plus lieu de présumer la faute dans les cas de responsabilité civile
du fait d'autrui, que dans les cas de responsabilité de son propre fait.

Cependant cette erreur théorique a un bon
résultat pratique, car la jurisprudence, en étendant cette soi-disant présomption, arrive à corriger ce que la doctrine de l'irresponsabilité
du simple fait présente de défectueux. Elle sous-
entend notamment une présomption de faute
contre le propriétaire d'un animal, ou contre celui
qui s'en sert, quand cet animal a causé un dommage, bien que l'article 1385 qui édicte cette responsabilité ne crée pas la moindre présomption.
Ainsi, la Cour de cassation a décidé récemment
que la responsabilité du propriétaire d'un animal
ne saurait être écartée par le seul motif qu'il n'est
pas démontré que l'accident soit arrivé par la
faute, la négligence ou l'imprudence de ce propriétaire, s'il n'y a aucune indication de cironstan-
ces de nature à faire disparaître la responsabilité
de ce dernier (1).

(1) Cass 27 Oct. 1885 Sirey 1886.I 33.
Sic Paris, 23 Février 1884 ; S. 1886. II. 97.

La distinction en obligations positives et en obligations négatives est la seule qui soit féconde et intéressante, au point de vue de la responsabilité qui en découle. Les unes et les autres ont ceci de commun, qu'elles peuvent entraîner la condamnation du débiteur, sans que celui-ci ait commis la moindre faute, mais elles diffèrent en ce que l'obligation positive est suffisante à produire ce résultat par elle-même et par elle seule, tandis que l'obligation négative est moins une obligation véritable qu'un acheminement vers l'obligation. Elle a besoin d'être complétée par un fait de commission accompli par le débiteur; en un mot, elle n'est parfaite que quand elle est positive. S'il nous est permis de nous exprimer d'une façon trés-générale et en négligeant les détails, nous dirons qu'il n'y a en réalité, au fond des choses, que des obligations positives. Les unes proviennent directement de la toute-puissance de la loi ou du contrat, les autres ont besoin pour être parfaites, pour devenir des obligations véritables, d'un fait de l'homme qui leur donne la vie. La conclusion de cette remarque est que, en cas d'inexécution de l'obligation de ne pas faire, le créancier n'a à sa disposition qu'un seul moyen d'obtenir satisfaction, c'est l'action en responsabilité. A l'inverse de ce qui se passe en matière d'obligations positives, ni la loi, ni le contrat, ne peuvent, à eux seuls, lui conférer la moindre action.

Les obligations négatives, en effet, comme leur nom l'indique, tant qu'elles demeurent sous cette

forme première, tant qu'elles ne sont pas modifiées
par un acte du débiteur, sont en quelque sorte
vides de droit. Elles ne sont guère que des obligations naturelles sanctionnées par l'obligation
positive de réparer. Aussi, une fois le dommage
accompli, le créancier ne peut qu'invoquer l'action
en responsabilité qui implique nécessairement
l'existence de la contravention à l'obligation
première ; car l'obligation initiale purement
négative, ne peut entraîner la condamnrtion du
débiteur à une prestation positive, au paiement de
dommages-intérêts.

Voilà le fondement de la distinction entre les
actions et les omissions illicites. L'inexécution de
l'obligation consiste-t-elle en une omission, la
responsabilité se confond avec l'obligation elle-
même. L'inexécution résulte-t-elle au contraire
d'un fait positif, la responsabilité se distingue nettement de l'obligation ; le créancier qui veut obtenir satisfaction ne peut s'en tenir à l'obligation
seule, en faisant abstraction du fait illicite du
débiteur.

Il est aisé de se rendre compte que la plupart
des obligations légales sont négatives tandis qu'au
contraire, ce sont presque toujours des obligations
positives qui dérivent des contrats. Peut-être
est-ce pour cette raison que certains auteurs
tiennent tant à distinguer entre la loi et le contrat.
Mais ils se sont attachés à la superficie au lieu
d'aller au fond des choses, ils ont pris pour une
cause ce qui n'était qu'un signe. Et encore ce

signe n'a-t-il rien d'infaillible et ne mérite-t-il pas
d'être érigé en critérium véritable. Si, en fait,
toutes les obligations légales étaient négatives, et
si toutes les obligations couventionnelles étaient
positives, ce serait déjà une notable erreur, au
point de vue théorique, d'attribuer à un caractère
d'une obligation un effet qui dérive d'un autre.
Mais l'erreur est bien autrement grave quand ces
caractères ne coexistent pas.

Il s'en faut, en effet, et de beaucoup, que tous les
contrats créent des obligations positives ; le contraire est littéralement exprimé dans l'article 1101
C. C. A l'inverse il n'est pas difficile de trouver
dans la loi des exemples d'obligations positives.
Outre l'article 1383 (1) du Code civil, nous pouvons citer le cas de l'article 58 C. C. (2), que nous
avons déjà rencontré.

Nous pouvons citer encore : l'obligation pour
l'usufruitier de restituer la chose grevée d'usufruit
quand celui-ci vient à s'éteindre, celle de dénoncer
au propriétaire l'usurpation qu'un tiers peut avoir
commise sur le fond (3), l'obligation alimentaire
qui existe entre parents (4); l'obligation de témoi-
gner en justice, ou de venir siéger comme juré,
etc. etc.

-----

(1) 1883 : Chacun est responsable du dommage qu'il a
causé non-seulement par son fait, mais encore par sa *négligence* ou par son imprudence.

(2) Voir suprà page.....

(3) Art. 614. C. C.

(4) V. C. c., art. 205 et suiv.

Dans tous les cas, les quelques exemples que nous avons cités au hasard suffisent amplement à démontrer que la distinction en obligations positives et négatives est absolument différente de la distinction en obligations légales et contractuelles. Nous avons déjà dit que nous répudiions cette dernière, pour nous en tenir à la première qui présente infiniment plus d'intérêt.

Cette distinction en obligations positives et négatives est-elle bien générale, permet-elle d'embrasser tous les différents types d'obligation ? Il en existe quelques unes qui, au premier abord, ne semblent pouvoir être classées ni dans l'un ni dans l'autre groupe. Ce sont certaines obligations qui sont le plus souvent légales, mais qui parfois aussi sont contractuelles, et dont l'effet est d'imposer à une personne la responsabilité du fait d'autrui.

Les exemples qui se présentent le plus naturellement à l'esprit sont les cas de responsabilité des parents à raison du dommage causé par leurs enfants mineurs habitant avec eux, des maîtres et commettants, instituteurs et artisans à raison du fait de leurs domestiques, préposés, élèves et apprentis, dans les hypothèses indiquées par la loi (1); le cas de responsabilité du propriétaire d'un navire à raison des faits du capitaine (2). On peut encore citer l'obligation pour les communes

(1) Art. 1384. C, C.
(2) Art. 216 C. de Com.

de répondre des dégâts et dommages résultant des
crimes ou délits commis à force ouverte ou par
violence sur leur territoire (3). Ces obligations ont
pour objet principalement une abstention, et sub-
sidiairement la réparation du préjudice causé, au
cas où il serait contrevenu à l'obligation de s'abstenir. D'autre part, comme il ne s'agit pas uniquement de l'abstention de la personne à qui l'o-
bligation est imposée, mais encore de l'abstention
d'autres individus sur lesquels elle peut avoir, en
fait ou en droit, plus ou moins d'autorité, l'obligation de réparer le préjudice causé par la commission prohibée, imposée à la personne civilement
responsable, nous apparaît comme la sanction
d'une obligation préexistante : l'obligation positive d'empêcher. Cette obligation aurait donc un
double caractère : elle imposerait au débiteur
des efforts positifs en vue d'assurer une abstention. Mais est-il indispensable de supposer l'obligation d'empêcher pour expliquer l'obligation
de réparer le fait illicite cause du préjudice ?
Non certes, et il ne nous semble pas que ce soit
là une véritable explication. Lorsqu'une personne
dont nous sommes civilement responsable a accompli un acte illicite causant un préjudice à
autrui, elle est, en général, personnellement obligée à une réparation à laquelle, du même coup,
elle nous oblige toujours. Mais cela n'implique, en
aucune manière, que nous soyons obligés par

(3) Art. 106 de la loi du 5 Avril 1884.

avance de l'empêcher d'accomplir l'acte illicite qu'il s'agit maintenant de réparer. Sans doute, si nous devons être obligés à la réparation, notre intérêt est bien d'en empêcher la cause, mais cela ne prouve point que nous en soyons tenus. Nous pouvons éclairer cette argumentation au moyen d'un exemple : l'intérêt de la caution est bien de faire payer le débiteur principal ; cependant elle n'est obligée de tenter aucun effort en vue de ce résultat, elle est simplement obligée de payer s'il ne paie pas. L'obligation de réparer les cas fortuits n'implique pas l'obligation initiale de les empêcher ! Eh bien, de même ici, la personne civilement responsable n'est pas obligée d'empêcher la naissance de la créance en réparation; ou du moins, si elle en est tenue, ce n'est qu'en vertu d'une obligation naturelle. Elle n'a d'autre obligation civile que celle de réparer le dommage, si la cause de cette réparation vient à se produire. Nous pouvons donc affirmer que les personnes responsables du fait d'autrui ne sont point civilement astreintes à l'obligation initiale d'empêcher les individus qui sont sous leur autorité, d'accomplir ces actes illicites; elles sont simplement obligées à indemniser les victimes, si, en fait, elles ne les ont pas empêchés. Elles ne sont tenues que d'une obligation positive et conditionnelle.

On conçoit facilement qu'il en soit de même de l'obligation imposée au propriétaire d'un animal ou à celui qui s'en sert, de réparer le dommage causé par cet animal, soit que l'animal

fut sous sa garde, soit qu'il fut égaré ou
échappé (1). Cela n'implique, en effet, en aucune
façon, que l'on soit civilement obligé d'empêcher
les animaux dont on a la propriété ou l'usage, de
causer du dommage à autrui. Il en est de même
également de l'obligation qui frappe le propriétaire d'un bâtiment de répondre du dommage
causé par sa ruine lorsqu'elle est arrivée par une
suite de défaut d'entretien ou par vice de
construction (2). Cette obligation est en effet
limitée à ce qui est exprimé dans le texte ; elle ne
comporte nullement pour le voisin du bâtiment
qui menace ruine, le droit de demander une cau-
caution en vue du dommage éventuel que pourra
causer sa chute (3). Elle ne comporte pas davantage le droit de faire réparer ou de faire démolir
l'édifice (4). Cependant l'intérêt des voisins n'est
pas entièrement sacrifié, il existe des règle-
ments de police qui accordent à l'administration
le pouvoir d'ordonner la réparation ou la démo-
lition des bâtiments menaçant ruine.

En résumé, nous pouvons aisément conclure
que ces différents cas de responsabilité civile
trouvent parfaitement place dans les deux catégories que nous avons indiquées. Ce sont des
obligations positives de réparer le dommage causé
soit par les personnes, soit par les animaux, soit

(1) Art. 1385 C. C.
(2) Art. 1386 C. C.
(3) Voir Aubry et Rau, T. IV, p. 773, note 17.
(4) Voir Aubry et Rau ,T. IV, p. 773, note 18.

par les choses inanimées, sur lesquelles nous avons
en fait ou en droit une certaine puissance. Mais
tant que l'acte de commission prohibé n'est pas accompli, nous n'avons aucune obligation réelle.
Nous ne serons obligés que quand le préjudice
sera causé, et encore faudra-t-il pour cela que,
quant à nous, il ne puisse pas être considéré
comme le résultat d'un cas fortuit ou de force
majeure.

En ce qui regarde le fondement rationnel de
ces obligations, les auteurs sont divisés. Ainsi,
pour MM. Demolombe et Colmet de Santerré, la
responsabilité du commettant repose non sur le
défaut de surveillance mais sur le choix du préposé. Il y a du vrai dans cette remarque, mais si
le choix était le fondement unique de la responsabilité du commettant, il n'y aurait plus de responsabilité dès que ce choix ne serait plus possible (1) Pour le tribun Bertrand de Greuille (2),
l'article 1384 est tout simplement une application
du principe *ubi emolumentum ibi onus*. Sans rejeter d'uue manière absolue ces diverses considérations, nous pensons avec le tribun Tarrible (3)
que le fondement principal de la responsabilité du
fait d'autrui, consiste dans un relâchement de
surveillance.

Nous avons terminé l'analyse de l'idée de Res-

(1) Samet. op. cit. MM. Sourdat, Larombière et De Courcy
admettent les deux motifs.
(2) Fenet. Tome XIII, p. 473.
(3) Fenet. Tome XIII, p. 478.

ponsabilité. Elle comprend les éléments suivants. Elle suppose, tout d'abord, une obligation contractuelle ou légale, positive ou négative, formelle ou virtuelle, il n'importe ; ensuite, l'inexécution matérielle de cette obligation ; en troisième lieu, la causalité de l'inexécution dans la personne du débiteur ; et enfin un préjudice.

Ces éléments sont suffisants et nécessaires ; ils se retrouvent tous dans la responsabilité contractuelle, comme dans la responsabilité délictuelle. D'ailleurs, ces deux types d'obligation dérivée ne diffèrent pas plus que les deux types parallèles d'obligation initiale. Comme nous avions conclu à l'identité de la loi et du contrat au point de vue du caractère obligatoire, nous concluons de même à l'identité de la responsabilité contractuelle et de la responsabilité délictuelle.

Nous avons constaté que l'inexécution des obligations contractuelles, comme celle des obligations légales, entraînait la responsabilité du débiteur, que celui-ci fût en faute ou non. Dès lors, n'est-il pas oiseux de rechercher si, ou non, une faute a été commise? Il semble que cette responsabilité née de la faute soit une superfétation, quand la responsabilité existe déjà d'un autre chef.

Il y a cependant une série d'hypothèses dans lesquelles la prestation de la faute présente un intérêt considérable. La première de ces hypothèses est la suivante. Nous pouvons supposer qu'aux termes d'une convention intervenue entre plusieurs personnes, la responsabilité primaire résultant de l'obligation soit effacée dans les conditions que nous allons indiquer. Les parties conviennent, par exemple, que le débiteur ne devra indemniser le créancier à raison de l'inexécution de l'obligation, qu'autant que cette inexécution proviendra, non seulement de son fait, mais encore de sa faute. Ainsi je vous ai promis un cheval ; le cheval meurt sans qu'on sache comment ; c'est peut-être par suite d'un cas fortuit, c'est peut-être par suite du fait du débiteur, c'est peut-être enfin par sa faute. De droit commun, le [débiteur serait responsable dans les deux dernières hypothéses. En présence de la convention dont nous venons de parler, il ne sera responsable que dans la troisième.

Nous avons supposé que cette modification de la responsabilité de droit commun était le résultat d'une convention, mais on peut la rencontrer, à titre exceptionnel, il est vrai, dans certaines dispositions de la loi. D'après plusieurs jurisconsultes, nous l'avons vu, c'est en ce sens qu'on doit interpréter l'article 1382. Il impliquerait alors non pas une obligation générale de ne point causer de préjudice, mais simplement l'obligation de ne pas commettre de faute. Nous pensons, au contraire, que l'article 1382 suppose l'obligation de s'abstenir même du simple fait et qu'il doit être interprété comme les articles 1384 et suivants. Il n'y a que fort peu de textes qui, suivant nous, ne prohibent un fait de commission ou d'omission qu'autant qu'il est fautif (1). Les conventions de ce genre, au contraire, se rencontrent plus souvent. Il en est une, notamment, qui est fréquente, c'est celle en vertu de laquelle les compagnies de chemins de fer stipulent dans le contrat de louage de transport de choses, l'irresponsabilité des cas de pertes ou d'avaries dont, de droit commun, elles doivent garantie (2) abstraction faite de toute idée de faute.

Quand nous traiterons du fardeau de la preuve nous aurons à insister plus longuement sur cette convention. Dans tous les cas, l'exemple cité suffit à montrer l'intérêt que peut présenter la responsabilité née de la faute, quand la responsabilité ordinaire se trouve écartée, soit par la convention, soit par la loi.

Il est une seconde hypothèse fort intéressante, dans laquelle la responsabilité née de la faute trouve son application. On sait que de droit commun, en matière contractuelle ou légale, peu importe, nul ne répond des cas fortuits. Si donc l'inexécution d'une obligation a sa cause dans un cas fortuit ou de force majeure, le débiteur est libéré. Cela résulte nettement de l'article 1302 pour les obligations contractuelles et on ne fait nulle difficulté, en doctrine, d'étendre cette solution à toutes les autres hypothèses, car le bon sens le plus élémentaire exige qu'à l'impossible,

(1) Art. 1927 et 804.
(2) Voir infrà. Chap. II.

nul ne soit tenu. Les choses ne se passent ainsi
qu'autant que ces cas fortuits ou de force majeure
constituent réellement et d'une manière absolue
des causes d'inexécution entièrement étrangères
au débiteur. Si ces cas fortuits ou de force majeure
ont été précédés de faute, faute sans laquelle ils
ne se seraient pas produits, ou, tout au moins,
sans laquelle ils ne se seraient pas produits avec
toutes leurs conséquences nuisibles pour le
créancier, la responsabilité du débiteur reste
engagée ; les faits dont il excipe n'ont pas pu
entraîner sa libération. Cela est dit formellement
au Code Civil pour le preneur à cheptel (1) et cette
disposition doit être étendue par identité de motifs
à tous les autres cas. Il est bien évident toutefois
qu'il ne suffirait pas d'une faute quelconque, il
faut une faute telle que sans elle le cas fortuit ne
se fût pas produit, ou eût été sans résultat.

L'hypothèse la plus fréquente d'une imputation
de cas fortuit au débiteur est celle où la perte survient pendant qu'il est en demeure. La demeure,
comme on sait, n'est pas le simple retard dans l'exécution de l'obligation, mais un retard illicite, une
résistance injuste à l'interpellation du créancier.
La demeure est donc considérée comme une véritable faute. Cependant au fond des choses, il ne
nous apparait pas qu'il en doive toujours être
ainsi ; la demeure peut parfois, en effet, être le

(1) Art. 1809 « Il n'est tenu du cas fortuit que lorsqu'il a
été précédé de quelque faute de sa part, sans laquelle la
perte ne serait pas arrivée. »

résultat d'un cas de force majeure et n'avoir pas
pour cause la faute du créancier. Il va sans dire,
d'ailleurs, que la demeure n'oblige le débiteur à
répondre du cas fortuit, qu'autant que sans elle la
chose n'eût pas péri (1). Mais il paraît bien résulter
des dispositions de la loi que la demeure à cette seule
condition entraîne la responsabilité du débiteur,
même au cas où elle ne serait pas fautive ; il suffit
pour cela qu'elle ne dérive pas elle-même d'un
cas fortuit.

Enfin il peut être intéressant de rechercher si
la responsabilité dérive d'une faute lorsqu'il s'agit
de calculer les dommages-intérêts.

La nécessité de réparer le dommage peut provenir de deux causes: ou bien de l'inexécution pure
et simple de l'obligation, c'est l'hypothèse prévue
par l'art 1136 ; ou bien encore de l'inexécution fautive ou dolosive de la part du débiteur, c'est le cas
qui semble prévu par l'article suivant. Ces articles
ne visent que la responsabilité contractuelle. Pour
les obligations légales, ces deux causes de réparation du dommage sont réunies dans l'article 1382.
« Les dommages et intérêts dus au créancier,
dit l'article 1149 C. civ, sont en général de la
perte qu'il a faite et du gain dont il a été privé....»
Voilà le principe. Mais ce n'est là qu'un principe
général, une sorte de conseil donné aux juges, dont

----

(1). Art. 1302 C. civ: Lors même que le débiteur est en
demeure, et s'il ne n'est pas chargé des cas fortuits, l'obligation est éteinte dans le cas où la chose fut également périe
chez le créancier, si elle lui eut été livrée.....

l'appréciation, en pareille matière, dépend bien plus des circonstances de fait que des principes de droit. Le législateur d'ailleurs dit simplement que dans la notion des dommages-intérêts il y a deux éléments dont on doit tenir compte, la perte subie et le gain manqué ; mais il ne dit pas que ces dommages-intérêts doivent comprendre toute la perte dont le créancier a souffert et tout le gain dont il a été privé. « Il faut à cet égard distinguer différents cas et différentes espèces de dommages et intérêts ; il faut même selon les différents cas apporter une certaine modération à la taxation et estimation de ceux dont on est tenu (1). » Au point de vue rationnel, les deux principaux cas à examiner, selon nous, sont l'inexécution de l'obligation non fautive et l'inexécution résultant d'une faute. Nous entendons cette dernière expression dans un sens très général de façon à comprendre même le dol.

Nous pensons que, dans le premier cas, le débiteur doit simplement pour toute réparation celle qu'il a prévue ou pu prévoir, soit à l'époque de la passation du contrat, s'il s'agit d'une obligation contractuelle, soit lors de l'accomplissement du fait qui a donné naissance à l'obligation légale. Ainsi, supposons qu'un usufruitier, légal ou non, soit dans l'impossibilité de restituer la chose grevée quand l'usufruit prend fin : il ne sera pas libéré si l'impossibilité de restitution ne dérive pas d'un

____

(1) Pothier, *Traité des Oblig.* nᵒ 160.

cas fortuit ; mais tout au moins si elle ne provient pas de sa faute, il sera uniquement tenu des dommages et intérêts qu'il a prévus ou qu'il a pu prévoir quand il a été constitué usufruitier. Tant pis pour le nu propriétaire, si le défaut de livraison de la chose grevée lui a causé un dommage que l'usufruitier n'a pu prendre en considération. Il aurait dû se mettre en garde contre l'éventualité de cette non-restitution, il aurait dû savoir que toutes les obligations que nous assumons ne sont pas toujours directement exécutées. Il aurait dû prévoir qu'elles ne sont parfois exécutées que par voie de compensation, et qu'alors cette compensation n'est due qu'à raison d'une sorte d'obligation tacite contenue dans la loi ou dans le contrat. Dans ces termes là il est juste de considérer que les dommages et intérêts ne doivent pas être calculés d'après la réalité objective du dommage, mais simplement d'après l'évaluation subjective qu'en a pu faire par avance le débiteur. Si le créancier veut une compensation plus large, il peut stipuler une clause pénale de son débiteur. Quand cela ne lui sera pas possible, il pourra contracter une assurance, pour obtenir réparation du dommage qui n'entrera pas en ligne de compte dans sa créance en indemnité.

Au surplus, on peut dire qu'il y a un intérêt social à ce qu'en l'absence de faute, les dommages et intérêts soient ainsi réglés ; car si, en l'absence d'une faute, nous pouvions être tenus au delà de nos prévisions, il y aurait de continuelles méprises

qui pourraient occasionner les résultats les plus
fâcheux.

Nous comprenons, au contraire, qu'il en soit
autrement, quand l'inexécution a eu lieu par suite
d'une faute imputable au débiteur. Dans cette
hypothèse, en effet, il est la cause consciente
et coupable du préjudice. Point n'est besoin
pour cela qu'il ait été de mauvais foi, il suffit
qu'il ait été volontairement imprudent ou négligent ; aussi considérons-nous qu'à cet égard la
parenté entre le dol et la faute est assez étroite.
Sans doute, le dol est moralement plus pernicieux,
aussi est-il quelquefois l'objet d'une poursuite
pénale. Mais, au point de vue purement civil de la
réparation, la faute nous paraît suffisante pour
entraîner la responsabilité totale du débiteur.
C'est qu'en cette hypothèse, en effet, on lui
reproche un fait ou une omission absolument
volontaire et dont les conséquences ont pu être
prévues. L'on ne conçoit plus ici une clause spéciale ajoutée à l'obligation principale d'après
laquelle, en cas d'inexécution fautive, les dommages et intérêts seraient modérés. Il y aurait
contradiction à supposer que, lorsqu'une loi ou
un contrat oblige une personne à apporter dans
l'exécution d'une obligation tous les soins d'un
bon père de famille, cette personne ne doit pas
rigoureusement dédommager le créancier du
défaut de soins dont elle s'est rendue coupable.
Evidemment, le créancier a dû prévoir le cas
fortuit ou le cas de force majeure entraînant

l'inexécution de l'obligation sans compensation
pour lui ; il a dû prévoir en outre l'exécution de
l'obligation par voie d'indemnité quand elle résul-
terait du fait innocent du débiteur ; mais ce qu'il
n'a pas prévu, ce qu'il n'a pas dû prévoir, c'est
l'éventualité d'une inexécution absolument volontaire de la part du débiteur, c'est-à-dire la prestation d'une faute.

Telle devrait être, selon nous, la théorie des
dommages et intérêts.

Nous voudrions même pour plus de clarté restreindre le sens usuel de cette expression, et l'em-
ployer exclusivement pour désigner la réparation
des fautes, en réservant pour la réparation du
simple fait le mot *indemnité*. Cette terminologie concorderait avec celle qui est déjà em-
ployée en enregistrement. Le tarif de la percep-
tion varie, en effet, suivant les causes des créances
en réparation. C'est ainsi que les indemnités
mobilières sont passibles d'un droit de 0 fr. 50 pour
cent (1), tandis que les allocations accordées sous
le nom de dommages et intérêts sont passibles
d'un droit de 2 pour cent (2). Un arrêt de cassation
du 23 Juin 1875 (3) a décidé que le droit de 2 pour
cent était exigible lorsque le défendeur était condamné à payer au demandeur une somme représentant la perte que celui-ci a éprouvée à la suite
de manœuvres dolosives de son adversaire. Mais

(1) Loi 22 frim. an VII, art. 59, § 2, n° 8.
(2) Loi 27 ventôse an IX, art. 11.
(3) Sirey, 1875, I, 430.

l'année suivante, la Cour suprême a décidé que les dommages-intérêts dus simplement à titre de réparation d'une faute étaient passibles d'un droit de 2 pour cent (1). Le premier des deux arrêts que nous avons cités reflète la doctrine émise au Code Civil dans les articles 1150 et 1151, c'est-à-dire distingue entre le dol au sens étroit du mot et toutes les autres hypothèses dans lesquelles il n'y a pas de dol. Le second, au contraire, paraît distinguer dans le sens que nous indiquons, c'est-à-dire suivant que le débiteur est responsable par suite d'une faute ou simplement à raison de son fait.

Cet arrêt semble donc dans une certaine mesure, fortifier le système que nous considérons comme rationnel. Malgré cela, nous sommes contraint d'avouer que notre théorie des dommages et intérêts ne paraît pas être celle du Code. En effet, les articles 1150 et 1151 (2) semblent placer sur la même ligne tous les cas d'inexécution provenant d'un fait ou d'une faute pour les opposer au dol du débiteur. Si l'on entend cette expression dans

(1) Cass. 28 juin 1876 ; Sirey, 1876, I, 428.

(2) ART. 1150. « Le débiteur n'est tenu des dommages et intérêts qui ont été prévus ou qu'on a pu prévoir lors du contrat, lorsque ce n'est point par son dol que l'obligation n'est point exécutée. »

ART. 1151. « Dans le cas même où l'inexécution résulte du dol du débiteur, les dommages et intérêts ne doivent comprendre à l'égard de la perte éprouvée par le créancier et du gain dont il a été privé, que ce qui est une suite immédiate et directe de l'inexécution de l'obligation. »

son sens étroit, c'est-à-dire dans le sens de faute commise avec intention de nuire, la théorie du Code ne nous semble pas exacte. Sans nier la différence qui sépare le dol de la faute (différence qui est bien plus subjective qu'objective et qui naturellement est assez indifférente au créancier) nous sommes convaincu qu'il est plus juste de distinguer entre le fait et la faute qu'entre la faute et le dol. Aussi voudrions-nous substituer le mot faute au mot dol dans l'article 1150. Nous le lirions alors de la façon suivante : « Le débiteur est tenu simplement de l'indemnité qui a été prévue ou qu'on a pu prévoir lors du contrat, quand ce n'est point par sa faute que l'obligation n'est point exécutée. » Avec cette seule modification, le Code Civil serait en harmonie avec la théorie que nous avons proposée. D'ailleurs, sans faire cette modification, on pourrait peut-être soutenir que le mot *dol* dans l'article est pris dans un sens général, qu'il signifie non seulement *dol* dans le sens étroit du mot, mais encore qu'il se rapporte à toutes les hypothèses dans lesquelles le débiteur n'est pas absolument de bonne foi. C'est bien d'ailleurs, ce qui a lieu au cas de simple faute, car la conduite de celui qui néglige sciemment et volontairement des précautions dont l'omission peut être funeste, côtoie de fort près la mauvaise foi. Il ne serait donc pas impossible que le législateur eut pris ici le mot dol dans un sens général, comme on emploie parfois le mot délit pour l'appliquer à des hypothèses où l'auteur du fait ainsi qualifié n'a pas eu la moindre intention de nuire, ou il a simplement accompli un fait illicite, c'est-à-dire commis un quasi-délit. Néanmoins, en l'absence de documents, nous n'osons pas affirmer que le législateur ait entendu le mot *dol* dans le sens large que nous venons d'indiquer.

Nous avons dit que le débiteur ne devait pas, dans tous les cas être tenu de toute la perte causée ni de tout le gain manqué. Quelle est donc la limite ? L'article 1151 répond à cette question. Les dommages-intérêts, nous dit-il, ne doivent comprendre que ce qui est une suite immédiate et directe de l'inexécution de la convention. Cette limitation est, en effet, fort rationnelle; c'était déjà l'opinion de Domat : « Pour ce qui est des évènements qui peuvent suivre du fait à qui on impute le dommage, il peut y avoir des difficultés qui méritent des règles. Car il faut remarquer qu'il arrive souvent que d'un fait unique on voit naître un enchaînement de suites et d'événements qui causent divers dommages, soit que ces événements aient été des suites immédiates de ce fait même, et dont on puisse dire qu'il en ait été la cause précise, ou qu'il s'y trouvent d'autres causes indépendantes de ce fait, mais dont il a été seulement l'occasion, ou qui s'y trouve jointes par quelque cas fortuit. (1) » Or, il est naturel que la responsabilité la plus étendue en dehors d'une convention spéciale n'atteigne jamais ces derniers

(1) *Lois civiles*. Livre III, titre v, préambule.

faits. Cette restriction de l'article 1151 paraît une conséquence nécessaire du principe émis dans l'article 1148, aux termes duquel nous ne répondons pas du dommage qui résulte d'une cause étrangère. Or, si l'on envisage tout le préjudice qui surgit à la suite d'un fait, il est fort rare que ce fait en soit la cause unique. La responsabilité du débiteur s'applique exclusivement au dommage qu'il a réellement causé ; elle ne peut s'étendre au-delà des suites immédiates et directes du fait ou de l'omission prohibés. Pour être conséquent avec nous-même, nous appliquons cette responsabilité *maxima*, non-seulement au cas de dol, mais encore au cas de faute, tout en reconnaissant qu'en fait, les juges pourront parfois se montrer plus sévères en présence d'un acte accompli de mauvaise foi.

C'est pourquoi nous proposerions la substitution du mot *faute* au mot *dol* dans l'article 1151 comme dans l'article 1150, pour imposer le maximum de responsabilité à celui qui n'est pas de bonne foi. Mais nous concevons l'emploi du mot *dol* dans cet article, en tant qu'il a pour effet d'établir que, même au cas où le débiteur a agi avec une intention de nuire bien caractérisée, sa responsabilité ne doit pas s'étendre au-delà des limites que le législateur lui a assignées. On peut même remarquer que la rédaction officielle de l'article 1151 (1) est dans une certaine mesure favorable

(1) Voir suprà, page 133.

à l'interprétation du mot *dol*, que nous avons proposée sous l'article 1150, car les expressions : « dans le cas MÊME où l'inexécution de la convention résulte du dol », sont bien de nature à faire supposer que dans l'esprit du législateur, la responsabilité du débiteur, en cas de simple faute, s'étendra au-delà des limites de sa prévision.

Il est une grosse objection qu'on ne manquera pas de nous faire et à laquelle par avance nous voulons répondre. On nous reprochera, sans doute, de produire comme une théorie générale des dommages et intérêts, une théorie qui ne s'applique qu'aux dommages et intérêts contractuels. Nous ne nions pas, en effet, que les articles commentés jusqu'alors n'aient trait qu'aux obligations nées du contrat, mais comme ces articles sont les seuls qui s'occupent des dommages-intérêts, nous considérons qu'ils doivent être étendus aux obligations légales, au moins pour celles d'entre leurs dispositions qui ne répugnent pas à cette extension. Autrement dit, c'est l'esprit de ces articles et non la lettre que nous voulons étendre. Nous sommes convaincu que la distinction entre l'inexécution résultant du fait, et l'inexécution résultant de la faute s'impose dans toutes les obligations, quelle que soit leur origine. Nous pensons que sous le bénéfice de cette distinction, les dommages-intérêts dans tous les cas se calculent de la même manière. Nous estimons qu'en matière délictuelle comme en matière contractuelle, ils sont, en général, de la perte qui a été faite et du

gain qui a été manqué. Nous croyons fermement
que dans tous les cas où le dommage a été causé
sans faute, le débiteur doit simplement l'indemnité
que l'on a prévue ou pu prévoir comme compensation du dommage. L'on dira peut-être que cette
prévision, qui se conçoit toujours en matière contractuelle, ne se conçoit plus dans les obligations
légales. D'abord, nous répondrons qu'il est certaines hypothèses, dans lesquelles cette prévision
se conçoit très bien. Il en est ainsi, par exemple,
dans le cas de l'obligation de l'usufruitier légal de
restituer la chose grevée quand l'usufruit a pris
fin. Et puis, quand cette prévision n'aura pu exister,
il faudra entendre l'article 1150, en ce sens que le
débiteur sera tenu d'une indemnité dont la quotité
égalera celle à laquelle des cas d'inexécution
de cette sorte donnent ordinairement naissance.
C'est là une difficulté de fait que les tribunaux
auront à trancher. D'ailleurs, il ne faut pas croire
que cet élément de la prévision puisse toujours se
concevoir en matière contractuelle. On ne la conçoit
pas, notamment, dans l'hypothèse déjà citée de
l'héritier du commodant qui a de justes raisons
d'ignorer le commodat. Quand il dispose de la
chose prêtée, il ne prévoit rien ; il ne peut même
rien prévoir, puisqu'il ignore son obligation. Cependant, aux termes de l'article 1245, il doit réparer le préjudice causé. Les tribunaux recherche-
ront en fait quel est le préjudice moyen que peut
causer la non-restitution d'une pareille chose ;
mais ils ne tiendront évidemment aucun compte

de la valeur spéciale qu'elle peut avoir pour son propriétaire. Les dommages-intérêts se calculent donc de la même manière dans les cas de responsabilité délictuelle et dans les cas de responsabilité contractuelle.

Nous pouvons citer dans le sens de cette assimilation un arrêt de la Cour de cassation, aux termes duquel la responsabilité édictée par l'article 1382 C. Civ. ne doit pas être étendue aux suites indirectes et éloignées d'un fait dommageable. La Cour suprême estime, en effet, qu'il y a lieu d'appliquer par analogie la disposition de l'article 1151 (1). Il faut étendre de même l'article 1150, car il serait manifestement inique de condamner celui qui, de bonne foi, c'est-à-dire sans sa faute, a commis un acte dommageable, à toutes les conséquences immédiates et directes de cet acte, par cette seule considération que l'obligation de ne pas le commettre résultait de la loi et non pas d'un contrat.

Dans notre système d'assimilation entre les obligations contractuelles et les obligations légales, il est superflu de rechercher si, comme le pense M. Colmet de Santerre, l'obligation de réparer les conséquences du dol a sa source en dehors du contrat, ou si, comme le prétend M. Lefebvre, l'obligation de réparer la simple faute, même commise à l'occasion d'un contrat, provient de l'article 1382. Ces deux questions sont en effet sans intérêt pratique. Cependant, si théoriquement il nous

____

(1) Cass. 12 juin 1876 ; Sirey, 1876, I, 422.

est permis de formuler notre opinion, nous dirons que, quand le dol ou la faute sont commis dans l'exécution d'une obligation contractuelle, la nécessité juridique d'en réparer les conséquences nous paraît résulter du contrat. Nous n'avons aucune répugnance à supposer une convention tacite en ce sens, même relativement au dol. Le contrat, en effet, oblige naturellement le débiteur à fournir la prestation promise. Il l'oblige en outre à s'abstenir de toute espèce de faute, à peine d'être tenu de la réparer. Enfin, si nous poussons à bout l'analyse juridique, nous dirons que cette obligation a trois sources, d'abord la loi, ensuite le contrat, et enfin la faute. Mais nous le répétons, pratiquement cela n'a pas d'intérêt.

Cette théorie des dommages-intérêts nous a fourni, une fois de plus, l'occasion de nier toute différence, au fond, entre les obligations légales et les obligations contractuelles.

Si l'on veut admettre le mode de calcul que nous avons proposé en interprétant les articles 1150 et 1151, on trouvera que l'intérêt de la distinction entre la responsabilité du fait et la responsabilité de la faute est considérable.

Si, au contraire on veut s'en tenir à la lettre de ces articles, la responsabilité née de la faute ne présentera de différence avec la responsabilité née du fait qu'autant qu'il s'agira d'une faute qualifiée, d'un dol, dans le sens étroit du mot.

Nous avons terminé l'étude des différentes causes de responsabilité que nous avons distinguées. Nous avons discerné le dommage résultant du fait et le dommage résultant de la faute. Nous avons aussi commenté la disposition de l'article 1148, aux termes duquel il n'existe aucune responsabilité du cas fortuit, autrement dit du dommage dont la cause est étrangère au débiteur.

Jusqu'ici nous n'avons fait que raisonner sur des hypothèses simples, et en envisageant isolément, soit un fait, soit une faute du débiteur, soit enfin une cause à lui étrangère. Les cas qui se présentent en pratique sont d'ordinaire plus complexes. A titre d'exemple nous allons rechercher la solution de la difficulté qui s'élève quand le dommage subi par le créancier est le résultat d'actions ou d'omissions illicites, provenant de chacune des deux personnes réunies par le même lien de droit. C'est l'hypothèse connue sous le nom de concours de fautes. A part les intérêts spéciaux que nous venons de signaler, les mêmes difficultés s'élèvent relativement à l'existence même de la responsabilité, que les actions ou omissions illicites soient fautives ou non. Aussi ne ferons-nous pas de distinction à ce point de vue; nous parlerons fait ou faute indifféremment. Nous supposons donc que deux personnes unies par un lien de droit, un contrat, par exemple, commettent l'une et l'autre une faute. Nous supposons, en outre, que ce concours de fautes occasionne un dommage à l'un des contractants. Qui en supportera la charge ?

Théoriquement la question est des plus délicates

à trancher, car les textes ne sont pas suffisamment explicites et ne prévoient pas toutes les hypothèses. Pratiquement, on peut dire que les magistrats jugent presque toujours, d'après les règles de l'équité ; aussi leurs décisions varient-elles suivant les circonstances.

Si l'on prend à la lettre la disposition de l'article 1151 du Code Civil, la difficulté semble se réduire à une question d'expertise. Aux termes de cet article, en effet, l'auteur d'une faute, si grave soit-elle, et plus généralement l'auteur d'un acte illicite quelconque, ne peut devoir au maximum que la réparation du préjudice provenant immédiatement et directement de son fait. D'après ce texte, on aura à rechercher quelles sont les conséquences préjudiciables qui dérivent directement et immédiatement du fait du débiteur, pour lui en imposer toute la responsabilité. Mais cette responsabilité devra s'arrêter là. Elle ne saurait s'étendre aux conséquences préjudiciables dérivant du fait même de celui qui les subit. Jusqu'ici, d'ailleurs, la solution qui découle de l'article 1151 paraît absolument équitable. L'application de cet article est plus difficilement admissible dans l'hypothèse que voici.

Il est fort possible que le créancier et le débiteur aient tous les deux commis un acte illicite, mais dans des conditions telles, que la réunion de ces deux actes illicites a été nécessaire pour causer le dommage, tandis que chacun des deux, s'il eut été accompli seul, n'eut pas été de na-

ture à l'occasionner. Il est possible que chacun
des deux puisse dire à l'autre : si le fait que vous
me reprochez était isolé, il eut été sans conséquences fâcheuses. Autrement dit, si l'inexécution de l'un n'était pas aggravée par l'inexécution
de l'autre, aucun préjudice n'eut été causé. Dans
ces conditions là, si l'on applique encore l'article
1151, il est certain que le dommage restera pour
celui qui le subit ; car dans ce cas, il n'est pas une
suite immédiate et directe du fait de celui à qui on
voudrait l'imputer. Une solution semblable résulte
implicitement d'un article du Code Civil, statuant
en vue d'une hypothèse spéciale. En cas de vente
de la chose d'autrui, les dommages-intérêts ne
peuvent être dus par le vendeur qu'au cas où l'acheteur a été de bonne foi (1). En principe, d'ailleurs,
ce système nous paraît fort juste. C'est celui qui
est enseigné par la plupart des auteurs. La jurisprudence cependant abonde en décisions contraires. Ainsi il a été jugé qu'une Compagnie de
Chemins de fer doit même, quand l'occasion se présente, chercher à préserver ses employés con're
leur propre maladresse et autres manquements
personnels (2) ; que les patrons sont tenus de prendre
dans leurs usines toutes les précautions possibles
pour prémunir leurs ouvriers même contre les
effets de leur imprudence (3), par cette considéra-

(1) Art. 1599, C. Civ.
(2) Besançon, 30 mai 1874 ; Sirey, 1875, I, 204.
(3) Caen, 17 mars 1880 ; Sirey, 1880, I, 176.
    Amiens, 15 novembre 1883 ; Sirey, 1884, II, 6.
    Paris, 29 mars 1883 ; Dalloz, 1884, II, 90.

tion que l'imprudence grave de la victime ne fait pas disparaître la faute du patron (1).

A première vue, il semble que ces arrêts violent manifestement l'article 1151. Cependant il n'en est pas nécessairement ainsi. Cela dépend de l'étendue de l'obligation initiale des personnes auxquelles ces arrêts imposent une responsabilité aussi large, alors que le préjudice ne résulte pas exclusivement de leur fait. Si, dans le louage d'ouvrage, le patron s'est, par une clause spéciale, obligé à garantir ses ouvriers contre les accidents causés par leur maladresse, et si, au moyen de certaines précautions, il lui eût été possible d'éviter ces accidents, les tribunaux feront bien de juger dans le sens des arrêts que nous venons de citer. En l'absence de cette clause spéciale, il nous paraît contestable que, d'une façon générale, les contrats imposent, de droit commun, une pareille responsabilité. Nous pensons qu'en dehors d'une convention expresse ou tacite résultant de circonstances particulières, il est plus sage de s'en tenir au texte de l'article 1151.

D'ailleurs, en pareil cas, c'est une question d'obligation qui se posera, et non pas une question de responsabilité, comme il arrive quand un cocontractant assume la charge des cas fortuits qui frappent l'autre.

Il arrive parfois que la faute commise par la victime du préjudice a pour résultat non seule-

____

(1) Cass., 8 février 1875; Sirey, 1875, I, 204.

ment de causer en partie le dommage, mais encore
de modifier la situation respective des deux contractants.

Ainsi, qu'un voyageur vienne à perdre des valeurs dans une gare; les valeurs sont trouvées et
gardées par un employé. La Compagnie sera pour-
suivie comme civilement responsable. Nous pensons qu'en pareille circonstance, il serait rigoureux de la condamner intégralement. Car,
si par le contrat de transport, la Compagnie est
obligée envers ses voyageurs à avoir des employés honnêtes, c'est à condition que les voyageurs ne feront rien pour tenter la cupidité de ses
employés. Il est des personnes qui sont suffisamment délicates pour ne pas voler un portefeuille
à une personne déterminée et qui ne le sont pas
assez pour ne pas s'approprier des objets trouvés.
Cependant, il a été jugé que la Compagnie était
intégralement responsable (1). Nous inclinerions
plutôt à penser que l'obligation de la compagnie
avait été dans une certaine mesure résolue par
suite de l'inexécution partielle de l'obligation du
voyageur.

Nous pensons également qu'il doit en être ainsi
en cas de louage de services, sauf convention contraire, expresse ou tacite ; car s'il est vrai de dire
que l'industriel est obligé de garantir à ses ouvriers toute la sécurité possible et à prendre toutes
les précautions nécessaires pour les préserver du

____

(1) Amiens 21 Janvier 1878. Sirey 1878, II, 53.

danger inhérent au travail même qui s'accomplit, il est juste de reconnaitre, du côté de l'ouvrier, par le fait du contrat de travail qui se noue entre lui et son patron, l'obligation de ne commettre aucune imprudence de nature à rendre inutiles les précautions et les soins pris par ce dernier (1).

Dans d'autres circonstances analogues, la Cour suprême a rendu des décisions contraires. Elle a jugé notamment que la demande formée par un ouvrier contre son patron, en réparation du dommage à lui causé par l'explosion d'une mine au moment où il la bourrait, est à bon droit rejetée, lorsqu'il est constaté que « si le patron avait eu le tort de fournir à son ouvrier un bourroir en fer dont le revêtement en cuivre n'avait pas la longueur déterminée par un arrêté préfectoral, celui-ci avait été lui-même assez imprudent pour charger la mine sans se servir d'une bourre d'isolement, et pour mettre ainsi la poudre en contact avec une couche de brique pilée dont il n'avait pas eu le soin d'extraire les graviers » (2).

Cette solution nous parait rigoureuse. Elle semble déduite de l'article 1151.

Theoriquement, on pourrait concevoir une solution différente de celle-ci. En raisonnant par analogie avec ce qui se passe lorsqu'un accident dérive d'un cas fortuit et d'un fait illicite combinés,

(1) Trib. Civ. de Liège, 31 décembre 1885. Cloes et Bonjean 1886 page 590.
(2) Cass. 2 décem. 1884 Sirey 1886 I, 367.

on peut arriver à répartir la responsabilité du
dommage entre les co-auteurs. Au regard de
chaque partie, le fait de l'une est comme un cas
fortuit par rapport à l'autre. Elles devraient donc
séparément subir chacune les conséquences du
dommage pour le tout. Mais, comme un pareil
résultat est, en fait, impossible, on partagera le
risque entre les auteurs.

Dans tous les cas, cette solution dont le fondement rationnel, nous le reconnaissons, n'est peut-
être pas à l'abri de tout reproche, est éminemment équitable. Elle a été consacrée par des
arrêts (1).

Nous ne citerons que le dernier, des termes
duquel il résulte : « Que la réparation du préjudice
ne saurait être mise entièrement à la charge de
celui par la faute duquel il est arrivé, lorsque la
partie lésée, par elle ou son représentant a contri-
bué au dommage dont elle se plaint (2). »

(1) Sourdat. *Traité gén. de la Resp*. I. n° 461, II. n° 660
et suiv.

Cass. 17 juillet 1872. Sirey, 1872. 1.337.

Note de M. Labbé. Sirey, 1885. IV. 27.

(2) Cass. 24 mars 1886, Sirey 1886, I, 428.

CHAPITRE II

DE L'IRRESPONSABILITÉ CONVENTIONNELLE

Nous avons vu en quoi consiste la Responsabilité ; nous en avons indiqué les causes, et nous avons constaté qu'elle a en réalité trois sources : l'inexécution pure et simple de l'obligation, la faute, et le dol. Nous allons rechercher maintenant si ces causes de responsabilité sont immuables, ou si, au contraire, il n'est pas loisible aux parties de les modifier, et, si oui, dans quelle mesure. Les conventions de non-garantie se modèlent sur les causes de responsabilité. Elles peuvent par conséquent être ramenées à trois types. Un débiteur peut stipuler d'abord qu'il ne répondra pas de l'inexécution pure et simple d'une obligation, quel que soit le dommage qui en résulte, si l'inexécution, bien que ne dérivant pas d'un cas fortuit, ne provient pas d'une faute à lui imputable Cette exonération est déjà considérable, car l'inexécution pure et simple des obligations est en fait la source la plus féconde de la responsabilité. Une pareille clause a pour but de supprimer du coup tous les cas de garantie si nombreux, que l'on dit, d'ordinaire, résulter d'une présomption de faute. Puis il est possible que, non content de cet affranchissemeut partiel, le débiteur stipule du créancier une irresponsabilité plus large s'étendant même au cas où le dommage, né d'une omission ou d'une commission illicite, serait le résultat de sa faute. Dans ce cas, il ne resterait plus tenu que des conséquences de son dol. Le troisième et dernier degré de la non-garantie serait l'affranchisssment de la responsabilité provenant même du dol. On conçoit donc, théoriquement, un état de non-garantie partiel ou total.

Nous allons rechercher sous quelles distinctions la clause de non-garantie est licite, et nous allons voir quel est le maximum de responsabilité dont on peut s'exonérer.

En principe, il est incontestable que l'on peut, dans une certaine mesure, rejeter conventionnellement la responsabité qui, de droit commun, doit normalement nous atteindre. L'article 1134 du Code civil proclame la liberté des conventions et porte que tous les liens de droit formés par les particuliers seront sanctionnés par la loi, pourvu, bien entendu, que ces conventions présentent les conditions ordinaires de validité des obligations. Or, la convention d'irresponsabilité n'est pas en elle-même prohibée. Elle était, nous l'avons vu, très licite en droit Romain ; il n'y a donc point de bonnes raisons pour déroger à son encontre à la disposition très générale de l'article 1134 (1). Nous

(1) L'article 1627 C.C. fait l'application de cette idée en matière de vente.

pourrions peut-être, à la rigueur, légitimer la non-
garantie en argumentant de l'article 1152 du Code
civil qui autorise la fixation, par avance, de l'indemnité qui pourra être due au cas d'inexécution
de l'obligation. En faisant décroître graduellement
le chiffre de cette indemnité, on arrive à la non-
garantie. Mais cette explication indirecte, outre
qu'elle n'est pas sans quelque danger, est super-
flue.

En principe, une clause d'irresponsabilité est
susceptible de produire un effet de droit. Mais
cette clause prend en pratique des développements tels qu'on craint de la voir porter atteinte
au développement de notre commerce. Aussi a-t-on
cherché à la restreindre et à la resserrer dans
d'étroites limites, pour conjurer ses fâcheux résultats. C'est surtout en matière de droit maritime
qu'elle a donné lieu aux plus vives réclamations.
M. Thaller (1) fait judicieusement remarquer
qu'en réalité, les personnes qui contractent ensemble, n'arrêtent pas toujours en toute liberté, les
clauses et conditions de leurs contrats. Ce défaut
de liberté vient précisément de leur inégalité
sociale. Les grosses compagnies font la loi aux
particuliers qui ont recours à elles. Les compagnies maritimes, notamment, font signer des
connaissements exonérant l'armateur et même le
capitaine des dommages qui peuvent survenir
aux marchandises à lui confiées pendant le cours

(1) *Annales de Droit commercial,* nº 3. Janvier 1887,
p. 189.

du voyage. Si l'on refuse la clause et que l'on s'adresse à une autre entreprise de transport, celle-ci présente des modèles identiques.

Il ne résulte pas de là qu'on doive prohiber une telle clause par cela seul qu'elle est dangereuse, si, d'autre part, elle n'est pas illicite. On peut toutefois prendre contre elle certaines précautions. Quand il y aura doute sur le point de savoir si les parties l'ont réellement consentie, il ne faudra pas l'admettre volontiers. De la part du créancier, la clause de non-garantie constitue une véritable renonciation ; on ne devra donc pas facilement l'induire d'un contrat dont les termes sont ambigus. Aussi la jurisprudence s'est-elle toujours montrée rigoureuse pour l'admission de cette clause. On a jugé notamment que le salaire réglé entre le domestique et le maître n'affranchissait pas ce dernier de la responsabilité dont il est tenu relativement au préjudice causé à ce domestique par l'imprudence d'un autre préposé (1). Il a été décidé également qu'on ne peut sérieusement soutenir qu'en s'engageant à remplir l'emploi de machiniste un ouvrier ait renoncé, moyennant le salaire et les autres avantages attachés à cet emploi comme équivalent des services rendus, au bénéfice des dispositions de droit commun des articles 1382 et 1384 du Code civil (2). Il résulte encore de notre observation que les dispositions d'un règlement d'une compa-

(1) Cass., 28 juin 1841. Sirey, 1841, I, 476.
(2) Bruxelles, 18 mai 1868. Belg., Jud. 1868, p. 693.

gnie de chemin de fer, dispensant cette compagnie de préposer un garde spécial à certains passages à niveau, ne sont pas opposables aux victimes d'un accident dû à l'absence de surveillance sur ledit passage (1) Cependant, nous n'irons pas jusqu'à dire que l'irresponsabilité conventionnelle ne devra jamais être admise par les tribunaux que lorsqu'elle sera l'objet d'une manifestation expresse de la volonté des parties (2). Il suffira qu'il n'y ait aucun doute sur l'existence de cette volonté. En fait, la clause est souvent rejetée, parce qu'en réalité elle n'a pas été consentie. Ainsi, en cas de transport par le chemin de fer, elle ne saurait résulter de son inscription sur le bulletin de bagages que le voyageur n'a même pas le temps de lire (3). D'autre part, le monopole des chemins de fer peut faire considérer une pareille convention comme n'étant pas absolument libre (4).

Mais, ces cas particuliers une fois écartés, il nous faut aborder la difficulté de face, et rechercher quel est le minimum de responsabilité dont on ne peut s'exonérer conventionnellement

Il est d'abord un point sur lequel tout le monde est d'accord. On considère comme évident qu'on ne peut aller jusqu'à s'affranchir par avance du

(1) Liège, 20 janvier 1881. Belg., Jud. 1882, p. 1322.
(2) Cass. Belg., 19 déc. 1872. Belg., Jud. 1873, p. 81.
(3) Alger, 16 déc. 1846. Sirey, 1847, II, 88.
Alger, 3 janvier 1882. Sirey, 1884, I, 222.
(4) Cass., 26 janv. 1859. Sirey, 1859, I, 316.

préjudice causé par son propre dol. A part peut-être quelques divergences de motifs, voilà la solution acceptée par tous les auteurs. La meilleure raison à donner, selon nous, c'est que la convention d'irresponsabilité du dol est absolument de nature à froisser l'ordre public, parce qu'elle implique une malhonnêteté qui nous répugne invinciblement.

Aussi va-t-il sans dire qu'une pareille convention sera infiniment rare en pratique ; et même dans les hypothèses peu nombreuses où elle se présentera, elle sera le plus souvent annulable pour des raisons différentes de celles que nous indiquions plus haut.

Il n'est guère vraisemblable, en effet, qu'un créancier qui, d'ordinaire, s'oblige à fournir une prestation à son co-contractant pour avoir le droit d'en exiger une de lui, consente à libérer son débiteur de toute espèce de responsabilité, au cas d'inexécution de l'obligation que ce dernier a assumée. Donc, la plupart du temps, cette convention de non garantie sera entachée d'erreur, de violence, ou de dol, dans le sens de l'article 1109 du C. Civ. (1).

En pareil cas, l'intervention de la nullité d'ordre public aura surtout de l'intérêt en ce qui concerne la preuve, car, par le secours de cette nul-

____

(1) Art. 1109. C. C. Il n'y a point de consentement valable, si le consentement n'a été donné que par erreur, ou s'il a été extorqué par violence on surpris par dol.
V. Loi 1. § 2. D. De dolo malo. IV. 3.

lité, le créancier sera dispensé de prouver l'existence d'un vice du consentement. Elle présentera également de l'intérêt au point de vue de la ratification et de la prescription.

On peut soulever une autre objection contre la nullité de la clause d'affranchissement de la responsabilité née du dol.

Une pareille clause, dira-t-on, doit être déclarée valable : elle a pour effet non pas de rendre le dol licite, mais de le rendre imposssible. Supposons, par exemple, qu'un dépositaire stipule du déposant que celui-ci n'agira jamais contre lui, même à raison de son dol. Si, après une pareille convention, le dépositaire dispose de la chose à lui confiée et se met ainsi dans l'impossibilité de la restituer, aura-t-il réellement commis un dol? Non, semble-t-il, puisque c'est de par la volonté même du propriétaire de la chose qu'il a agi ainsi. Autrement dit, cette clause d'irresponsabilité apparente déguise au fond une libéralité. Or, ce n'est pas commettre un dol au préjudice du donateur que de disposer d'une chose donnée. Il paraît bien résulter de là que la convention d'irresponsabilité née du dol a pour effet de rendre logiquement impossible la prestation de ce dol.

Certes, on pourra parfois interpréter la clause de non-garantie dans le sens que nous venons d'indiquer. Il existe, en effet, certains actes dont le caractère dolosif est purement relatif. On pourrait même dire d'une façon générale, qu'il en est ainsi de tous les actes concernant les biens. Mais

il n'en est plus de même du dol envisagé comme
source d'outrages matériels ou moraux à la personne humaine. Il est certain que ces derniers
sont et seront toujours illicites, quelles que soient
les conventions antérieures. Il ne faut donc pas
hésiter à déclarer radicalement nulles toutes les
clauses de non-garantie relatives au dol, même
quand il s'agira d'un préjudice éventuel purement matériel, si l'intention libérale du créancier
n'est pas manifeste.

La convention ne sera licite que si l'acte préjudiciable ne paraît plus entaché de dol par suite de
la convention qui l'a précédé.

La plupart des auteurs admettent pour la faute
lourde la même solution que pour le dol. Ils fon-
dent leur décision sur l'assimilation traditionnelle
de ces deux actes illicites. On verra, par la suite,
que nous n'avons pas à prendre parti sur cette
question, puisque nous adoptons une solution analogue pour toute espèce de faute. Mais, pour ceux
qui distinguent entre la faute lourde et la faute
simple, il existe de grandes difficultés d'appréciation et de mesure. En réalité, nul ne peut dire,
a priori, à quelles conditions précises une faute
devient lourde, et dans quelles circonstances elle
est simplement légère. La faute lourde ne se conçoit guère que d'une façon théorique, comme intermédiaire entre la faute et le dol. Mais il est
évident qu'il y a là une notion un peu confuse.
M. Sainctelette s'élève vivement contre l'existence d'une pareille espèce de faute. Pour lui,

tant qu'il n'y a pas dol, il y a simplement
faute (1).

M. Thaller n'est pas éloigné de formuler la
même opinion (2). Quant à nous, nous ne nions
pas qu'en fait chaque faute puisse présenter différents degrés de gravité ; nous prétendons simplement que ces degérs sont indifférents au point
de vue de la clause qui nous occupe.

Il est inutile de rappeler que l'on peut toujours
pactiser sur la responsabilité d'un dol accompli (3).
Nous ne traitons ici que des clauses élisives d'une
responsabilité éventuelle.

En ce qui concerne la non-garantie des simples
fautes, il existe une opinion fort accréditée dans la
doctrine, c'est celle de M. Sainctelette. L'auteur
reproduit encore ici la distinction qui lui est chère,
celle d'après laquelle il conçoit deux responsabilités
différentes, suivant qu'elles ont leur source dans la
loi ou dans le contrat ; « ce que la loi ordonne doit
être fait, ce qu'elle défend ne peut l'être. » C'est là
un principe absolu. Aussi, « les conventions contraires à la loi ne sont que des violations géminées
de la paix publique ». Au contraire, dans les contrats, « les volontés des contractants sont toutes-
puissantes » et si elles ne peuvent avoir pour effet
d'écarter la responsabilité du dol, c'est que celui-ci
constitue un délit civil qui entraîne la responsabilité

(1) Nouveau Denizart, V° *Faute*. Note de M. Labbé, Sirey,
1876, I, 337.
(2) *Ann. de Dr. Com.*, *loc. cit.*
(3) Art. 2046. C. Civ.

du débiteur du chef de l'article 1382 (1). La iuris-
prudence semble également fixée dans ce sens. Le
monument le plus récent, à notre connaissance,
est un jugement du tribunal de Saint-Étienne, d'a-
près lequel la disposition des articles 1382 et 1383
du C. Civ. sont d'ordre public. Il n'est pas permis
d'y déroger par des conventions particulières. On en
conclut que l'exonération de toute responsabilité
en cas d'accident, stipulée préventivement par le
patron qui emploie un ouvrier est sans effet, et ne
met pas obstacle à l'exercice de l'action en responsabilité de l'ouvrier contre le patron (2). Nous
avons déjà démontré que cette distinction en obligations contractuelles et en obligations légales
était purement extérieure et qu'elle ne pouvait
engendrer qu'erreurs et confusion. Nous allons
voir combien elle est inexacte à ce point de vue
particulier de la non-garantie. Tout d'abord, il
semble résulter de la lecture de l'ouvrage de
M. Sainctelette, qu'il ne donne pas aux expressions
faute contractuelle et faute délictuelle le même
sens que nous. Il paraît insinuer que tous les faits
d'inexécution des obligations légales sont constitutifs de dol (3), tandis que l'inexécution d'un
contrat n'impliquerait jamais la moindre culpabilité. Or, nous avons admis qu'en matière contractuelle comme en matière légale, il y avait, ou il

(1) Larom.., art. 1137. n° 12 et 13.
Sourdat, *Traité général de la responsabilité*, t. II, n. 662.
(2) St-Etienne, 10 août 1886, Sirey, 1887, II, 48.
(3) Sainct. op. cit, page 16, n. 3, *in fine*.

pouvait y avoir trois causes de responsabilité : le fait, la faute et le dol, et qu'en conséquence il n'y avait rien à induire du caractère légal ou contractuel de l'obligation.

Nous avons rétabli le sens des mots, nous allons examiner maintenant d'une façon plus approfondie, la théorie de M. Sainctelette.

L'auteur affirme, d'abord, que toute responsabilité édictée par la loi est inéluctable. « Le dommage fait particulièrement à quelqu'un, par un désordre, doit être ou doit censer être entièrement effacé.» Peu importe qu'une convention d'exonération soit intervenue : un pareil contrat n'en est pas un, c'est simplement un délit, un attentat à la loi ; les soi-disant contractants ne sont que des « complices » Toute disposition de la loi est d'ordre public. Tel est le point d'appui du système, tel en est le point faible également. C'est là qu'est l'erreur et elle est manifeste.

Il n'est pas facile de dire en quoi consiste précisément l'ordre public. C'est une notion variable, un peu confuse et presque insaisissable qui échappe à toute définition. La plupart des auteurs ont renoncé à en donner une, et ceux qui en ont poursuivi la recherche ne nous paraissent pas y avoir réussi malgré tout leur talent (1). Il faut confesser qu'avec M. Sainctelette, cette notion devient très simple. Désormais l'hésitation n'est plus permise. Nous

____

(1) Alglave : *Droit d'action du ministère public, et Théorie des droits d'ordre public, en matière civile.*

avons la solution du problème que, depuis Dumou-
lin et les auteurs de la théorie des statuts impéra-
tifs, prohibitifs et facultatifs, tous les jurisconsultes
ont vainement recherchée. Aujourd'hui toutes les
dispositions de la loi sont impératives ou prohibi-
tives : elles ont toutes trait à l'ordre public d'une
façon absolue. Il est interdit aux particuliers de
pactiser sur toutes les obligations légales, quelles
qu'elles soient.

Il est certain que cette manière d'envisager la
loi est entièrement inexacte. La loi impose des
devoirs, mais elle crée aussi des droits. Eh bien,
ces droits, qu'elle crée au profit des particuliers,
leur appartiennent en propre. Il faut donc leur
laisser le droit d'en user. Et, parfois, la renonciation à ces droits est le meilleur usage qu'on puisse
en faire : cette renonciation étant, d'ordinaire,
compensée par un équivalent.

Nous ne croyons donc pas qu'il soit nécessaire
d'insister davantage sur cette opinion personnelle
à M. Sainctelette. Elle résulte simplement d'un
mirage causé par l'emploi irréfléchi du mot délit.

On a présenté des observations plus spécieuses
relativement aux conventions de non-garantie
dans les obligations légales. On a dit que de
semblables conventions ne pouvaient se concevoir qu'en théorie, et qu'en pratique elles n'avaient
pas lieu. La responsabilité délictuelle, existe en
effet, entre tiers, entre personnes qui, la plupart
du temps, ne se connaissant pas, ne prévoient
pas l'évènement qui donnera naissance à la res-

ponsabilité. Une pareille convention parait en outre impliquer, comme le fait remarquer M. Labbé (1), la prévision d'une imprudence. Or, « imprudence et convention semblent s'exclure », ou, tout au moins, la prévision de l'imprudence semble changer la nature de cette dernière, et l'aggraver d'une façon telle, qu'il deviendra illicite de s'exonérer de la responsabilité qu'elle entraînera.

Mais il n'en est pas toujours ainsi dans toutes les hypothèses. M. de Courcy cité par M. Labbé (2), nous le prouve par un exemple : « J'ai le droit de stipuler avec mon..... voisin que je ne l'indemniserai pas des dégâts de mes lapins. La convention, qui est fréquente, est parfaitement licite et doit être respectée. Oui, tant que je ne dénaturerai pas, par mon fait, les conditions normales prévues de la convention. Mais, si le lendemain de la signature, quand mon voisin aurait compté sur la continuation d'habitudes modérées, je répandais dans mon bois mille lapins qui ravageraient toute la récolte, la convention ne me protègerait plus : je l'aurais fraudée. Cela n'empêcherait pas qu'elle n'eût été en elle-même parfaitement licite (3). »

On peut facilement concevoir une foule d'autres hypothèses analogues. Deux propriétaires voisins,

(1) *Annales de Droit commercial*, nº 3, Janvier 1887, page 187.

(2) *Annales de Droit commercial*, ubi suprà.

(3) Voir quant à la responsabilité des animaux sauvages : T. civ. de Langres 26 décem. 1883 ; S. 1884, II, 150.

Contra Aubry et Rau ; tome IV, p. 970, notes 4, 5 et 6.

Art. 524 et 564 Code civil.

sans se concéder le droit de faire paître leurs bestiaux, l'un sur les terres de l'autre, peuvent s'engager à ne point s'inquiéter réciproquement pour les fautes commises par leurs pâtres à cet égard.

De même pour le droit de chasse.

Dans toutes ces hypothèses, la convention d'exonération de la responsabilité des actes délictueux nous paraît très pratique, en fait, et de tout point conforme à l'ordre public, en droit. Ce n'est que dans des cas exceptionnels qu'il en pourrait être autrement,

Ainsi, en ce qui concerne les délits du Code pénal, cette solution ne devra pas toujours être adoptée; car il pourrait arriver que l'ordre public s'en trouvât froissé.

Cependant ce n'est pas là une conséquence nécessaire. Aussi pensons-nous, contrairement à M. Labbé (1), que ce n'est pas uniquement pour le délit civil, qu'il est juste d'accorder aux parties toute liberté dans leurs conventions. Ainsi la contrefaçon est bien un fait punissable, pour lequel l'intention de nuire n'est pas exigée; cependant, la convention d'irresponsabilité aura pour effet d'empêcher, non-seulement la naissance de l'action civile, mais encore celle de l'action publique.

Il a été jugé toutefois que: « si, aux termes de l'article 2046 du Code civil, on peut transiger sur l'intérêt civil qui résulte d'un délit, c'est seu-

____

(1) *Annales de Droit commercial*; loc. citat.

lement après que le délit a été consommé quand l'intérêt né et actuel peut être apprécié; tandis que transiger ou compromettre d'avance sur l'intérêt civil d'un délit à venir, c'est contracter dans la prévision de ce délit, prévision contraire à l'ordre public, et qui, à ce titre, ne peut constituer la cause licite d'un contrat (1) ». Il s'agissait dans l'espèce d'un compromis relatif à un accident survenu à des ouvriers, dans l'exploitation d'une mine. Or, il est des jurisconsultes qui considèrent, non sans raison, comme d'ordre public, la responsabilité des faits de nature à nuire à la sécurité des personnes. L'arrêt n'est donc pas très concluant. Il l'est encore moins, si l'on estime que le cas de responsabilité visé par l'arrêt a sa source dans un contrat. Telle est d'ailleurs l'opinion de MM. Sainctelette et Sauzet, ainsi que de tous les partisans de la doctrine nouvelle avec qui nous sommes d'accord sur ce point.

Aussi la formule à poser est-elle, selon nous, la suivante: L'ordre public ne s'oppose pas d'une façon générale à la convention d'irresponsabilité en matières d'obligations légales.

Nous pouvons affirmer déjà que la doctrine de M. Sainctelette est fausse à ce premier point de vue, en ce qu'elle considère comme inéluctable la responsabilité dérivant de la loi. Nous allons voir qu'elle est encore inexacte en ce qu'elle considère comme purement facultatifs pour les contractants,

(1) Dijon 24 juillet 1874. Sirey 1875; II, 73.

les cas de responsabilité qui dérivent du contrat. M. Sainctelette accepte la théorie de M. Cornil dont il cite le passage que voici :« Il n'y a qu'une seule convention qui, dans cet ordre d'idées, soit interdite : c'est celle qui porterait que le débiteur ne sera pas tenu de son dol ; car elle encouragerait le dol en lui assurant d'avance l'impunité, et, partant, elle serait nulle comme immorale (1). » M. Sainctelette ne voit pas là d'exception à son principe : « car le dol est en soi un générateur d'obligations distinct du contrat ». Avec le dol nous nous retrouvons en matière de responsabilité, pour parler son langage, et, quand les parties auraient contractuellement effacé la garantie, la responsabilité n'en demeurerait pas moins. Cette manière de voir nous semble inexacte ; le dol accompli dans un contrat, et à l'occasion d'un contrat, n'empêche pas que l'on soit en matière contractuelle, car, sans le contrat, le dol n'aurait pas eu lieu : il n'aurait pas même pu exister.

Cependant cette doctrine que nous combattons peut se prévaloir d'une autorité considérable celle de M. Colmet de Santerre (2).

Malgré cela nous préférons dire avec le jurisconsulte Romain : *dolus ex contractu descendit* (3), car sans l'existence préalable du contrat, le fait

---

(1) Sic. Larombière, *Des contrats* : art. 1137, nos 12 et 13, tome Ier, page 413 ;

Pont, *du Mandat*, art. 1992, t. IV, 996.

(2) Tome 5, p. 95, no 66 bis. Sic. Bigot Préameneu.

(3) Loi 7, § 5, Dig. Depos. XVI, 3.

dolosif eût peut-être, en fait, été impossible ou considéré comme parfaitement innocent en droit. Au surplus, nous considérons qu'il n'y a pas lieu de distinguer deux responsabilités, l'une délictuelle, l'autre contractuelle.

Nous avons déjà vu que M. Sainctelette nie l'existence de la faute lourde; il n'a donc pas à se poser la question de savoir s'il est licite de s'en exonérer conventionnellement.

Mais il est une autre hypothèse que M. Sainctelette ne peut pas expliquer comme celle du dol et pour laquelle il est lui-même obligé d'apporter une restriction à son système. Nous voulons parler du cas où une simple faute a occasionné du mal à une personne, des blessures par exemple. M. Glasson considère comme très licite la clause de non-garantie en pareille hypothèse; mais il demande qu'une loi vienne mettre obstacle à un droit qui, rationnellement, lui paraît exorbitant (1).

Nous pensons comme MM. Sainctelette et Labbé que l'intervention d'une loi n'est pas nécessaire ponr prohiber cette clause. Dans tous les cas, l'article 6 du Code Civil nous paraît suffisant pour la faire écarter.

La Cour de Bruxelles a fait l'application de cette doctrine aux hypothèses prévues par les articles 418 et 419 du Code pénal de 1867, c'est-à-dire à « l'homicide, aux coups et blessures non inten-

____

(1) Glasson, *Le Code civil et la Question ouvrière*, p. 31.

tionnels qui constituent des délits lorsque le mal
a été causé par une faute quelconque (1). » Il s'a-
gissait, dans l'espèce, d'une faute d'inattention imputable à une société minière, qui avait entraîné
la mort d'un ouvrier dans les travaux d'un
puits.

La Cour de Cassation française a jugé également,
en matière d'assurances contre les accidents, que
la clause, aux termes de laquelle « tout payement
par l'assureur entraîne pour le sinistré la renonciation à tout recours contre le patron, est contraire à l'ordre public, » parce qu'elle a pour effet
de permettre aux patrons de s'affranchir de leurs
propres fautes (2).

Mais, dans l'esprit de M. Sainctelette, cette exception ne contrarie pas son système. Il n'y a pas
selon lui, empiètement des règles de la responsabilité sur le domaine de la garantie. Les blessures
non-intentionnelles constituent un délit lors même
qu'elles sont la conséquence d'une faute contractuelle. Il y a lieu cumulativement à responsabilité
et à garantie. Alors, peu importe que la deuxième
puisse être écartée, si la première doit rester toujours. Il nous dit ailleurs, en effet,« qu'il n'y a aucune contrariété entre l'action contractuelle et
l'action délictuelle (3) ». Nous pensons, quant à
nous, que le cumul n'existe pas, et que l'excep-

(1) Bruxelles, 9 mai 1876. Pas. 1877, II, 160.
(2) Cass., 1er Juillet 1885; J. du Palais, 1885; I p. 1009.
Sic. Nancy, 26 Jer 1884. Journal du palais, 1885, I, 1243.
(3) Sainct. *Resp. et Garant*, pages 33 et 34.

tion qu'il admet suffit à elle seule pour ruiner son système.

Nous ne nous trouvons pas, en matière délictuelle au sens civil du mot, quand nous sommes en face d'une faute contractuelle à laquelle le législateur a trouvé une gravité telle qu'il a voulu la frapper d'une peine. L'existence du délit pénal n'implique pas l'existence du délit civil.

Malgré les articles 418 et 419 du Code pénal Belge, malgré les articles 319 et 320 du Code pénal français, les dommages-intérêts dûs pour les coups et blessures, résultant d'une faute contractuelle, sont dûs en vertu du contrat et non en vertu de l'article 1382. M. Glasson fait fort bien remarquer que les distinctions proposées à cet égard sont exactes, et que la disposition de l'article 1382 vise seulement les personnes qui ne sont pas liées l'une à l'autre par un contrat (1). Tout contrat, selon nous, a pour effet d'écarter entre les parties l'application de l'article 1382. Nous avons vu, à l'inverse, qu'en droit Romain, la responsabilité contractuelle n'excluait pas, d'une façon absolue, la responsabilité aquilienne; mais tout au moins, et c'est là l'essentiel, le contrat écartait les cas de responsabilité qu'il ne comportait pas. Et M. Labbé a grandement raison de dire « qu'il ne serait pas juste d'assimiler celui qui, sortant de lui-même du cercle de son activité na-

(1) Glasson *Le C. Civ. et la quest.* ouvr. loc. cit.
Sic Labbé ; note sous Cass. Belg. Sirey 1886, IV, 24.

turelle et légitime par un acte excessif et imprudent, endommage une chose appartenant à autrui
et celui qui est mis par une convention, par la
confiance du propriétaire, en contact avec la
chose de ce dernier » (1). Aussi la jurisprudence
nous paraît-elle illogique quand, en matière contractuelle, elle fait l'application de l'art. 1382, C.
Civ., comme cela arrive tous les jours en cas de
louage de services ou de transport de personnes.
Elle admet d'ailleurs ce cumul de responsabilité,
même au cas de transport de choses. Si l'on intente l'action contractuelle, dit M. Thaller (2), on
est débouté par cela même que la lettre de voiture
exonère la compagnie des avaries des pertes et des
retards, même coupables ; mais si l'on intente l'action délictuelle fondée sur l'article 1382, et si l'on
prouve l'existence d'un fait illicite et préjudiciable, on obtient gain de cause.

Nous sommes bien éloigné de considérer cette
manière de voir comme conforme au droit. Nous
croyons à l'absorption de la responsabilité délictuelle dans le contrat. Au point de vue théorique,
il est bon de remarquer que c'est sur l'article 1137
et non sur l'article 1382 que la victime doit se fon-
der. La responsabilité légale qui, en principe, est
absolue, se trouve limitée d'après les conditions
licites du contrat. D'ailleurs, si les parties contractent, c'est évidemment pour modifier la responsa-

(1) Labbé. Ann. de D. Comm. 1887, n° 3, p. 1886.
(2) Ann. de D* Com. 1887, n° 3, p. 191.
Cass. 16 juin 1879. Sirey, 1879, I, 374.

bilité légale, sinon elles se contenteraient de la situation qui leur est faite par la loi. Donc, lorsqu'une personne éprouve un préjudice par suite d'un fait illicite d'après la loi, mais permis aux termes du contrat, cette personne ne peut certainement pas se prévaloir vis-à-vis de son co-contractant des dispositions de l'article 1382. Celui-ci lui répondrait : La loi que vous m'opposez et qui est, je le reconnais, celle de tout le monde, n'est plus la nôtre, car nos rapports sont maintenant régis par le contrat que nous avons consenti.

La loi Romaine admettait bien le concours d'actions, mais c'était uniquement pour augmenter le chiffre des dommages-intérêts, dans le cas où, en principe, ils étaient réellement dus. Et encore, dans ces limites, la loi Aquilia était-elle considérée comme trop sévère. Cette sévérité ne tenait qu'à des raisons historiques, dont nous n'avons pas à nous occuper aujourd'hui. Aussi n'hésitons-nous pas à conclure que, si en matière contractuelle, il existe des hypothèses dans lesquelles le débiteur ne peut échapper à certains cas de responsabilité, cela ne résulte en aucune façon de ce que ces cas de responsabilité ont un caractère délictuel. C'est pourquoi nous pensons que M. Sainctelette et les partisans de sa doctrine devraient reconnaître que la garantie contractuelle n'est pas entièrerement laissée à la seule volonté des parties.

Nous pouvons affirmer maintenant que la deuxième partie du système que nous combattons, n'est pas plus exacte que la première.

Les clauses de non-garantie sont en principe licites ; exceptionnellement elles sont interdites
dans les obligations contractuelles, comme dans
les obligations légales.

D'ailleurs la plupart des auteurs n'admettent pas
la distinction de M. Sainctelette en ce qui concerne
la clause de non-garantie. Ainsi MM. Labbé et Lyon-
Caen professent hautement qu'il est très licite
de s'exonérer par avance des conséquences
de ses fautes délictuelles. Pour ces auteurs,
il y a simplement lieu de réserver le cas de dol, car
la se bornent, en principe, les exigences de l'ordre
public. Dans le même sens, la Cour de Cassation
Belge a décidé que la clause de non-garantie n'a
rien d'illicite, tant qu'elle n'a pas pour but d'exonérer le débiteur des conséquences de son dol (1) ;
et la Cour de Cassation Française a jugé, d'après
les mêmes principes, qu'aucune loi ne défend aux
propriétaires de navire de stipuler qu'ils ne répon-
dront pas des fautes du capitaine, ni de celles de
l'équipage, et qu'une telle convention n'est pas davantage contraire à l'ordre public et aux bonnes
mœurs (2).

L'originalité du système de M. Lyon-Caen

(1) Cass. Belg. 27 décembre 1877. Belg. Jud 1878, p. 394.
(2) Cass. 14 mars 1877 et 23 juillet 1878. Sirey 1879. I. 422
2 avril 1878, S. 1878. I. 292.

Voir dans le même sens, Cass. Belg. 12 novembre 1885.
Belg. Jud 1886, p. 135.

Contrà Cass. Fr. 21 juillet 1885. Sirey, 1887. I. 121 et note
de M. Lyon-Caen.

consiste dans le choix du critérium qu'il applique
aux différents cas de responsabilité, pour rechercher, si l'affranchissement conventionnel de cette
responsabilité est licite. Pour notre savant maître,
il y a un lien intime indiscutable entre la question
de validité des clauses de non-garantie, et la matière des assurances. Si l'assurance est permise,
la clause de non-garantie doit l'être également,
et vice versà. M. Labbé (6), qui adopte également
cette manière de voir, fait remarquer, à cette occasion, que si l'on veut restreindre pour l'armateur, la faculté de se décharger de la responsabilité
de ses fautes et des fautes du capitaine, il faut restreindre dans la même mesure, le droit pour l'armateur de s'assurer contre les suites de ces mêmes
fautes, sinon, dit-il « le résultat pratique obtenu
par la prohibition semble nul, » car le danger de
négligence ou d'imprudence de l'armateur sera le
même dans les deux cas; d'où il résultera que la
sécurité des voyageurs, comme celle des marchandises, sera tout aussi compromise. L'éminent jurisconsulte, dont nous rapportons la doctrine, conclut de là « qu'on peut s'affranchir de ses fautes par
deux procédés équivalents, en rejetant leurs conséquences sur le co-contractant par une clause d'affranchissement, ou en rejetant leurs conséquences
sur un assureur. Le résultat pratique est le même;
le prix de transport est diminué dans le premier

(6) Note sous Cass. Sirey, 76, I, 337.
Annales du Droit Commercial, 1887. loc. cit.
Sic. De Courcy.

cas ; une prime est fournie dans le second. Le péril de perte par incurie dans le transport est le même. »

M. Lyon-Caen fait spécialement l'application de cette idée à la responsabilité de l'armateur, à raison des fautes du capitaine (1). « La clause insérée dans un connaissement pour décharger l'armateur de sa responsabilité envers les chargeurs, à raison des fautes du capitaine, n'a pas des effets plus dangereux que l'assurance comprenant la *baraterie* de patron. Le résultat de cette clause, comme celui de l'assurance de *baraterie* de patron, est de faire échapper l'armateur au préjudice pécuniaire pouvant résulter pour lui des fautes du capitaine. Ce résultat est atteint directement par la clause de non-responsabilité contenue dans le connaissement ; il l'est indirectement par l'assurance s'appliquant à la baraterie de patron ; c'est la seule différence » (2).

Nous ne contestons certes pas l'analogie qui existe entre la matière des assurances, et celle des conventions d'irresponsabilité; mais nous ne croyons pas qu'il y ait identité absolue. Il n'en est ainsi, selon nous, qu'en ce qui concerne l'auteur de la faute, le débiteur des dommages-intérêts. Et encore sa situation n'est pas tout à fait la même quand il est assuré que lorsqu'au moyen d'une convention, il s'est exonéré des conséquences de ses fautes. Dans le premier cas, son

(1) Note sous Cass. Sirey, 1887, I, 121
(2) Cass. Belge 12, Nov. 1885. Pasicrisie 1885, I, 275. Sirey 1887, IV, 9, et note de M. Lyon-Caen.

irresponsabilité ne sera réelle qu'autant que l'assureur ne sera pas devenu insolvable. Dans le deuxième cas, au contraire, son irresponsabilité est absolue. Ce n'est pas toutefois sur ce point de détail que nous avons l'intention d'insister. Sous réserve de cette observation, nous admettons, avec nos savants maitres que l'armateur, par exemple, arrive au même résultat, soit directement, soit indirectement, lorsqu'il stipule du chargeur sa non-garantie, ou lorsqu'il se décharge de sa responsabilité sur un assureur. Mais au regard du chargeur, au regard de la victime des fautes commises, la situation est sensiblement différente. Si l'armateur s'est assuré, le chargeur touchera les dommages-intérêts auxquels il aura droit à raison de la faute de l'armateur ou de son préposé. Les dommages-intérêts ne coûteront rien à l'armateur, c'est possible, mais le chargeur les recevra ; le préjudice qu'il subit se trouvera compensé.

L'assurance, dit-on, aura pour effet d'endormir la vigilance de l'armateur ! Cela n'est pas certain, c'est même peu probable ; car s'il devient négligent, l'armateur ne trouvera plus ni chargeurs ni assureurs. Ce danger un peu chimérique est largement compensé pour le chargeur qui se trouve de la sorte beaucoup moins exposé aux chances d'insolvabilité de l'armateur.

En cas de clause de non-garantie la situation est essentiellemement différente. Le transporteur sera encore moins vigilant qu'au cas d'assurance, car dans cette dernière hypothèse il n'est irresponsable que si l'assureur est encore solvable au moment du dommage, tandis qu'en cas de non-garantie, son irresponsabilité est absolue. Il résulte de là que le chargeur est infiniment plus exposé. En outre, il n'a aucun avantage pour compenser le préjudice éventuel qui peut l'atteindre : on ne peut considérer comme une compensation sérieuse et satisfactoire celle qui résulte de la diminution du fret. Donc si l'assimilation entre l'assurance et l'irresponsabilité conventionnelle est à peu près exacte en ce qui regarde l'auteur du dommage, elle est absolument fausse, en ce qui concerne la victime.

On peut rencontrer d'ailleurs des hypothèses dans lesquelles l'assurance apparait comme très-licite, quand la non-garantie froisserait manifestement l'ordre public. Ainsi, la compagnie des petites voitures s'assure contre les accidents que peuvent occasionner les cochers ; la sécurité publique n'en est pas le moins du monde affaiblie ; la seule menace des peines édictées par les articles 319 et 320 du Code pénal suffit à maintenir la vigilance des cochers. Il est bien certain, d'ailleurs, que dans les cas où la perspective d'un emprisonnement n'est pas suffisamment efficace, la crainte d'une réparation civile effective n'ajouterait rien.

A l'inverse la convention d'après laquelle les voyageurs, moyennant une diminution sur le prix de transport, exonéreraient la compagnie des conséquences de ses fautes, même de celles qui auraient pour résultat d'entraîner des lésions corporelles, serait évidemment contraire à l'ordre public.

Aussi n'adoptons-nous pas comme critérium de la légitimité d'une clause de non-garantie d'un dommage la légitimité d'une assurance contre ce dommage contractée par son auteur.

Nous pensons que, pour trancher la difficulté qui s'élève relativement à la validité des clauses de non-garantie, il n'y a lieu de s'arrêter à aucun des systèmes proposés. Nous avons vu, en effet, qu'il ne faut pas seulement prohiber la non-garantie résultant du dol. Nous avons reconnu, d'autre part, qu'il ne fallait pas interdire toute convention d'irresponsabilité en matière légale, ni à l'inverse, l'autoriser toujours en matière contractuelle. Nous avons enfin constaté que la validité des clauses de non-garantie ne dépendait pas de la validité des assurances.

Nous pensons que la distinction rationnelle en cette matière est celle que nous avons établie dans notre première partie, entre la responsabilité née du fait et la responsabilité née de la faute. Nous estimons que, par convention, on peut toujours s'exonérer de la première, tandis qu'on ne peut jamais s'affranchir de la seconde.

Quant à la première partie de notre proposition, nous rencontrerons peu de contradicteurs. Si la clause de non-garantie est possible, en principe, c'est évidemment en pareille hypothèse. Une convention d'irresponsabilité en ces termes n'est

certes pas de nature à froisser l'ordre public. On
ne peut pas sérieusement douter de la légitimité
d'un contrat par lequel une personne stipule
qu'elle n'aura pas à répondre d'un acte dommageable, quand elle l'aura accompli innocemment.
A cet égard, le bon sens indique qu'il n'y a pas de
distinctions à faire, et qu'il en doit aller ainsi,
tant en cas de responsabilité légale qu'en cas de
responsabilité contractuelle. A ce premier point
de vue, notre système concorde avec celui de MM.
Lyon-Caen et Labbé qui subordonnent à la validité
de l'assurance, la validité des clauses de non-
garantie ; car on peut toujours s'assurer contre
les conséquences d'un simple fait ou d'une pure
omission.

Mais, à l'inverse, nous avons la conviction que
si le fait ou l'omission préjudiciable sont entachés
de faute, s'ils impliquent à un degré quelconque
la culpabilité du débiteur, la clause de non-garantie n'est plus licite. Avant de prouver cette assertion, il importe de rappeler, en deux mots, ce que
nous entendons par faute. Ce n'est pas simplement
l'inexécution innocente de l'obligation, ce n'est
pas davantage l'inexécution dont la cause est
inconnue, c'est l'inexécution coupable, c'est un
fait ou une omission qui implique, dans une certaine mesure, la mauvaise foi du débiteur. Il y a,
en effet, mauvaise foi à ne pas prendre volontairement une précaution, lorsque l'on sait le dommage qui peut en résulter pour le créancier.

Qu'au point de vue moral il puisse y avoir une

circonstance atténuante tirée de ce fait, qu'on a négligé la précaution, plutôt en vue de son intérêt propre, que dans l'intention de causer un préjudice à autrui. Soit! Mais il n'en est pas moins vrai, qu'une pareille conduite est fautive. Aussi serait-il immoral qu'elle pût échapper à toute responsabilité. Autant nous sommes disposés à admettre la non-garantie de l'omission ou du fait exempt de toute faute, dans les cas où le débiteur est réellement de bonne foi, autant il nous paraît injuste que celui qui veut commettre une faute puisse, par avance, écarter de lui toute responsabilité.

« Les contractants, dit M. Sainctelette, peuvent stipuler qu'ils apporteront, dans l'accomplissement de leurs obligations, le maximum des soins que donnerait l'homme le plus attentif, le plus actif, le plus sévère, ou seulement le minimum de soins que donnerait un homme qui ne serait pas de mauvaise foi. » Cette convention, en tant qu'elle a pour effet de diminuer la somme des précautions à laquelle nous sommes obligés ordinairement, ne semble pas constituer à proprement parler une clause de non-garantie ; elle apparaît plutôt comme une clause de non-obligation. Sans doute, en définitive, elle aboutit bien à écarter la responsabilité du débiteur, mais d'une façon en quelque sorte indirecte, au même titre que la convention par laquelle on dénoue le lien de droit résultant d'un contrat (1) En pareille hypothèse,

(1) On appelle parfois une semblable convention un *distrat*.

il n'y a place pour aucune espèce de responsabilité puisque l'obligation, la cause première de la responsabilité, a disparu. La convention, dont parle M. Sainctelette, a pour effet d'étendre ou de restreindre l'objet même de l'obligation. La clause de non-garantie, au contraire, a pour effet propre, non pas de modifier l'objet de l'obligation, mais de fournir des données pour trancher le conflit qui pourra s'élever, si la prestation, objet de l'obligation, n'est pas exécutée. Entre ces deux conventions il y aura toujours, dans tous les cas, et pour tous les auteurs, une différence essentielle : si c'est par malice et avec intention de nuire que le débiteur omet volontairement une précaution, il n'encourra aucune responsabilité dans la premiére hypothèse, car il ne peut y avoir dol à ne pas exécuter une obligation dont on n'est pas tenu ; dans la seconde hypothèse, au contraire, le débiteur sera responsable, car dès lors qu'il est obligé, aucune clause de non-garantie ne peut l'empêcher de répondre de son dol. Nous ne croyons pas que cette première différence soit la seule. Nous pensons que la simple clause de non-garantie est impuissante à affranchir le débiteur de la responsabilité que, de droit commun, il encourt quand il commet une faute dans le sens étroit du mot. Nous pouvons, en effet, dire de la faute ce que M. Sainctelette dit du dol, à savoir qu'il est impossible de s'en affranchir par cette raison bien simple que « l'on ne peut pas à la fois vouloir et ne pas vouloir, vendre et ne pas vendre, donner et retenir, servir et trahir ». L'on ne conçoit pas qu'une personne, qui stipule une prestation, et ce, ordinairement en échange d'une autre à laquelle elle s'oblige, autorise son débiteur à ne point exécuter son obligation, pourvu seulement que cette inexécution n'implique de sa part aucun dol. Une pareille convention serait évidemment contradictoire ; on ne peut en même temps stipuler et donner quittance. Or, telle est cependant bien la situation que tendrait à créer la clause d'irresponsabilité des fautes. En effet, vis-à-vis d'une telle clause, le débiteur n'est pas réellement obligé ; il ne l'est que sous une condition potestative ; il n'est tenu d'exécuter son obligation que s'il le veut bien, car il peut ne point fournir la prestation qu'il a promise, pourvu qu'il s'abstienne de toute intention dolosive, pourvu que l'inexécution dont souffrira le créancier ne constitue qu'une faute. D'ailleurs, cette clause d'irresponsabilité, outre qu'elle est illogique et irrationnelle, est encore immorale ; il y a mauvaise foi de la part du débiteur à stipuler la non-garantie de ses fautes. Or, les conventions doivent s'exécuter de bonne foi : l'article 1134 le proclame. Donc, la clause d'irresponsabilité des fautes doit être écartée : il est certain qu'on n'exécute pas son obligation de bonne foi, lorsqu'on se retranche derrière cette clause.

On formulera peut-être contre la solution que nous proposons l'objection suivante : si la clause de non-garantie est impuissante à affranchir le débiteur de la responsabilité de ses fautes, les parties arriveront au même résultat au moyen d'une convention différente, il est vrai, mais analogue, celle qui a pour effet de restreindre l'objet même de l'obligation. Il faut convenir, en effet, que sauf la responsabilité éventuelle du débiteur à raison de son dol, cette convention et la clause de non-garantie tendent au même résultat. Dans un cas, on paralyse simplement la responsabilité en cas d'inexécution de l'obligation ; dans l'autre, on écarte radicalement la cause première de la responsabilité, c'est-à-dire l'obligation. Mais il ne faut pas croire que, si le résultat d'une convention est illicite, il devienne conforme au droit lorsqu'on l'obtient au moyen d'une autre. En effet, de même que les parties ne sont pas maîtresses d'écarter la responsabilité de leurs fautes, de même, elles ne sont pas libres de fixer comme bon leur semble, l'objet de leurs obligations. Elles ne doivent pas violer l'ordre public, elles ne doivent pas contrarier les règles de la bonne foi. Aussi, toutes les modifications apportées aux limites naturelles des obligations, toutes les extensions, toutes les restrictions qui tendent au résultat que nous venons de signaler, sont-elles frappées de nullité par la Loi. Spécialement au cas de louage de services, il interdit au patron de stipuler qu'il fera travailler ses ouvriers dans des locaux dont l'aménagement est absolument contraire à leur sécurité. Il n'y a pas là une véritable clause de non-garantie ; cependant, si des accidents sur-

viennent, la responsabilité du patron n'en sera
pas moins encourue. Cela revient à dire que
l'objet des obligations est, dans une certaine mesure, indivisible : ou bien il n'y aura pas louage
de services du tout, ou bien, si ce contrat existe, le
patron sera toujours obligé à autre chose qu'au
paiement du salaire (1). On ne saurait porter atteinte à l'ordre public, pas plus au moyen d'une
restriction de l'obligation qu'au moyen d'une clause
de non-garantie.

Donc, pas plus d'une façon indirecte que d'une
façon directe, il n'est loisible aux parties de stipuler
l'irresponsabilité de leurs fautes. Nous pouvons
ajouter que cette manière de voir était d'ailleurs
celle de nos anciens auteurs, et qu'aujourd'hui
même, elle paraît être encore celle de la jurisprudence.

Cette opinion des vieux jurisconsultes, a été
nettement exposée par M. Lyon-Caen, (2) bien que
d'une façon incidente, en ce qui concerne l'assurance. On s'accordait autrefois à reconnaître
comme contraire à l'ordre public toute clause au
moyen de laquelle un assureur maritime assu-
mait la garantie des fautes de l'assuré, sans distin-

______

(1) « L'obligation pour le patron de veiller à la séeurité de
ses ouvriers, est un élément non pas seulement naturel, mais
essentiel au contrat de louage. » Sauzet, *Rev. Crit.* 1883,
T. L. page 639.

Contrà, De Courcy, le Dr. et l'Ouvr., page 30.

Glasson, *Op. cit.*

(2) Note sous Cass. Sirey 1887. I, 122 et suiv.

guer entre les degrés de faute. Valin (1) ajoutait :
« cela sans qu'aucune clause puisse valablement
charger les assureurs qui aviseraient de cette
manière ». Une telle clause, en effet, serait ab-
surde, illusoire et frauduleuse.

Émerigon (2) pensait qu'il en devait être ainsi
même des pertes survenues par le fait de l'assuré.
Cette solution nous paraît exorbitante, et nous
préférons nous en tenir à la formule donnée plus
loin par l'auteur lui-même : « *Si casus evenit
culpa assecurati non tenentur assecuratores.* »
Nous n'avons pas à rechercher si les art. 351 et 352
du C. de Com., qui s'occupent de la matière, doivent ou non être interprétés d'une façon restrictive,
d'après la vieille théorie d'Émerigon et de Valin.
Tout ce que nous voulons faire remarquer, c'est
que si l'assureur ne pouvait assumer le risque des
fautes, *a fortiori* ce risque ne devait pas pouvoir
être rejeté sur le co-contractant. Pothier dit en effet quelque part : (3) « Il est évident que je ne peux
valablement convenir avec quelqu'un qu'il se
chargera des fautes que je commettrai. » Une
pareille convention semble en effet immorale.
Mais il est plus évident que la convention doit être
prohibée si la personne que l'on veut charger de
ses fautes en est précisément la victime.

(1) Sur l'art. 27 liv. 3 tit. 6 de l'ordonn. de 1681 édit. Bécane
p. 494.
(2) Traité des Assurances Maritimes chap. 12 sect. 2.
Voir encore Pothier Assur. nº 65.
(3) Assurances nº 63

Nous n'avons pas admis l'assimilation établie par MM. Lyon-Caen et Labbé, la non-garantie et l'assurance, mais nous admettons bien leur critérium en tant qu'il a pour effet de restreindre la clause de non-garantie, et si nous ne croyons pas qu'elle soit licite chaque fois que l'assurance le serait, nous reconnaissons bien à l'inverse, que la clause de non-garantie n'est pas permise là où l'assurance ne le serait pas. C'est pourquoi nous pensons qu'il est facile d'induire l'opinion des anciens auteurs, relativement à l'irresponsabilité convenue, des solutions qu'ils proposent relativement à la validité de l'assurance. D'ailleurs, même en écartant l'argument *a fortiori* que nous avons formulé, nous pouvons affirmer que la clause de non-garantie n'est qu'une variété de l'assurance.

C'est pourquoi nous pensons qu'elle doit être frappée par les causes de nullité qui atteignent l'assurance ; ce qui ne l'empêche pas d'avoir ses causes de nullité propres.

Nous avons dit que la jurisprudence nous était favorable, nous l'allons démontrer en citant quelques arrêts. Il est aujourd'hui de jurisprudence constante que les clauses au moyen desquelles les compagnies de chemins de fer prétendent s'exonérer des conséquences de leurs fautes produisent le résultat suivant : « Elles n'ont pas pour effet d'affranchir la compagnie de toute responsabilité pour les fautes commises par elle, elles ont pour résultat, contrairement aux règles ordinaires, d'en mettre la preuve à la charge de l'expéditeur » (1). Pour notre savant maître M. Lyon-Caen, la clause de non-garantie doit être nulle ou valable, sans qu'il y ait de milieu possible. Il n'admet donc pas la jurisprudence de la Cour de cassation, qui, à la convention des parties en substitue une en apparence toute différente. Nous voulons bien reconnaître avec l'éminent auteur, dont nous rapportons l'opinion, que les décisions de la Cour suprême sont sobres de motifs, mais nous pensons que ceux sur lesquels elle s'appuie tacitement sont irréfutables.

Il est certain, que la seule existence de la clause de non-garantie des fautes témoigne de l'intention des parties de modifier la responsabilité de droit commun. Mais cette irresponsabilité conventionnelle ne peut être aussi large que les parties le désirent. On ne peut pas s'exonérer des conséquences de sa faute, on peut simplement s'affranchir de la responsabilité de son fait. Or, si les parties ont voulu écarter toute responsabilité à raison de la faute, *a fortiori*, elles ont voulu soustraire le débiteur à la responsabilité qui pourrait provenir de son fait. Il faut donc, à notre sens, restreindre la teneur trop générale de cette clause de non-garantie, et lire *irresponsabilité du fait* au lieu d'*irresponsabilité de la faute*. C'est précisément ce qu'a fait la Cour de cassation. La compagnie de chemin de fer ne peut pas ne pas répondre de ses fautes ; aussi, lorsque l'expéditeur

(1) Cass. 4 Février 1874 ; Sirey, 1874 ; I. 273 ; et la note. Sic. Cass. 3 janv. 1883 ; Sirey, 1883 ; I. 723.

prouve l'existence d'une faute, malgré la clause, la compagnie devra réparer le préjudice causé. Mais la responsabilité du fait se trouve valablement écartée; en sorte que si un dommage vient à se produire, il ne suffira pas à l'expéditeur de prouver sa créance. Il ne pourra pas se contenter de dire: je suis créancier des marchandises que je vous ai livrées, vous devez me les rendre, soit en nature, soit en argent, à moins que vous ne puissiez prouver le cas fortuit, conformément aux articles 1302 et 1784 du Code civil. Par le seul effet de la clause d'irresponsabilité de la faute (lisons du fait) les rôles se trouvent naturellement intervertis. La compagnie ne saurait être responsable qn'au cas de faute commise par elle ou par ses préposés. La faute est essentielle pour qu'elle soit obligée. Aux termes de l'article 1315, c'est au demandeur à prouver l'existence de l'obligation, c'est donc à lui à prouver l'existence de la faute.

C'est pourquoi nous nous associons à l'interprétation de la Cour suprême, et nous ne trouvons nullement déraisonnable de croire qu'en stipulant l'irresponsabilité des fautes de la compagnie, les parties aient pensé à modifier la charge de la preuve.

Nous ponvons encore citer dans le même sens un arrêt récent de la Cour de cassation relatif à la clause de non-garantie insérée dans un connaissement. D'après cet arrêt, « la clause de non-responsabilité d'avaries, n'a pas pour effet d'affranchir

le transporteur de toute responsabilité à raison
des fautes commises par lui ou ses agents, mais
d'en mettre la preuve à la charge des expéditeurs
ou destinataires, contrairement aux règles du
droit commun (1). »

On avait déjà jugé licite la clause d'un connaissement, par laquelle des propriétaires de navires
stipulent qu'ils ne seront pas responsables des
marques, poids et désignations des marchandises;
tout en considérant que si cette clause n'avait pas
pour effet d'affranchir les propriétaires de navires
de la responsabilité de leur propre faute, ni de
celle de leurs préposés, elle mettait à la charge
des destinataires la preuve de cette faute (2).

Il y a donc lieu de croire que désormais toutes
les clauses d'irresponsabilité des fautes seront
interprétées dans ce sens, par la Cour de Cassation.

Dans cet ordre d'idées, cependant, il est une
question qui peut faire difficulté. C'est celle de
savoir dans quelle mesure on peut s'exonérer des
fautes de ses préposés, ou plus généralement de
toutes les personnes dont on est civilement responsable. Théoriquement, il ne semble pas qu'on
doive étendre aux préposés la solution donnée
relativement aux fautes des commettants. La
raison en est qu'une faute commise par un préposé n'implique en aucune façon la culpabilité du
commettant. Il est vrai qu'elle en peut être bien

(1) Cass. Sirey, 1887, I. 121.
(2) Cass. 11 février 1884. Sirey 1884; I. 221.

souvent la conséquence, mais il est certain aussi
que le préposé peut commettre une faute alors
que le commettant a fait preuve d'une diligence
absolue. Cependant, des auteurs considèrent
comme illicite la clause d'après laquelle on veut
s'exonérer des conséquences d'une faute du préposé. MM. Sourdat (1) et Sainctelette (2) ainsi
que plusieurs Cours et Tribunaux se sont pro-
noncés en ce sens. On a jugé notamment, que
les « clauses ayant pour objet d'exonérer préventivement une compagnie vis-à-vis de ses ouvriers, des obligations résultant des art. 1382 et
suivants sont frappées d'une nullité absolue (3). »
Pour la Cour d'Amiens, le préposé représente son
commettant; d'où il suit que la responsabilité
de ce dernier est absolue. « Elle ne suppose de sa
part aucune faute directe. Il n'y a dès lors pour le
commettant causes de compensation ou d'atténua-
tion que celles opposables par l'auteur du préjudice (4). » Mais cette manière de voir ne nous
semble pas exacte. Il résulte, en effet, des termes
de l'article 1384 que l'on est responsable, non
seulement du dommage que l'on cause par son
propre fait, mais encore par celui des personnes
dont on doit répondre. Or, quel est le fondement
rationnel de cette responsabilité du fait d'autrui?
C'est l'autorité qu'en fait ou en droit nous exer-

(1) Sourdat : *Traité général de la Responsabilité*, tome 2, n° 796
(2) Sainctelette : *Resp. et Garant.* p. 18 n°s 5 et 6.
(3) Dijon 24 juillet 1874; Sirey 1875, II, 73.
(4) Amiens 21 J°r 1878. Sirey. 1878, II, 53.

çons sur ces personnes. Lorsqu'un de nos préposés commet un fait illicite préjudiciable à autrui nous en répondons; car à raison de l'autorité que nous avons sur lui, nous aurions dû empêcher ce fait. Cette responsabilité est toujours encourue dans tous les cas, sauf, bien entendu, quand notre autorité a été paralysée par suite, d'un cas de force majeure. Il n'est pas nécessaire que nous soyons en faute, il suffit que l'acte illicite ne soit pas à notre égard un cas fortuit. Nous sommes donc responsables de nos préposés dans deux hypothèses: quand, en fait, nous n'avons pas usé de notre autorité d'une façon satisfaisante, et quand nous sommes en faute pour avoir mal usé de cette autorité. D'autre part, l'acte illicite, accompli par le préposé peut constituer en ce qui le concerne, soit un simple fait, soit une faute. Mais il ne faut pas croire que la faute du préposé corresponde toujours à une faute du commettant. Il peut y avoir fait de l'un et faute de l'autre, ou réciproquement. On ne saurait donc dire, d'une façon générale, que la faute du préposé équivaut toujours à la faute du commettant, ni qu'elle doit être traitée d'après les mêmes principes. C'est en vain que l'on voudrait induire une solution contraire des termes de l'article 1384 du Code Civil qui, dit-on, créerait dans tous les cas une présomption de faute à l'encontre du commettant. « La responsabilité ci-dessus a lieu, à moins que les père et mère, instituteurs et artisans ne prouvent qu'ils n'ont pu empêcher le fait qui donne lieu à cette responsabilité. » Mais

il n'y a là aucune espèce de présomption légale.
L'article 1384 rappelle simplement l'article 1302.
Un fait illicite a été accompli. Nous en répondons,
qu'il résulte d'une faute ou non; mais nous en
sommes exonérés, s'il provient d'un cas fortuit.
D'ailleurs, nous nous sommes déjà expliqué en ce
qui concerne cette prétendue présomption de
faute. Cependant certains auteurs vont jusqu'à
prétendre que non-seulement il y a présomption
de faute mais, qu'en ce qui regarde le commettant,
cette présomption n'admet pas la preuve contraire,
parce que l'article 1384 *in fine* en réservant aux
pères, mères, instituteurs et artisans, la preuve du
cas fortuit, ne parle pas des maîtres ni des commettants. Il va sans dire, puisque nous n'admettons même pas une présomption simple, que
nous rejetons cette présomption *juris et de jure* (1).
D'ailleurs, les raisonnements à *contrario* ne
valent rien pour conclure à une dérogation au
droit commun.

Nous estimons donc qu'il peut y avoir simplement responsabilité de fait pour le patron, en cas
de faute commise par le préposé.

La clause de non-garantie est dès lors valable, en
tant qu'elle a pour effet d'affranchir le commettant de la responsabilité de tous les actes
illicites de ses préposés, pourvu qu'ils soient
accomplis, sans la faute du commettant.

(1) Sic Disc. du trib. Tarrible Fenet, T. XIII.
Contra, Dijon, 23 avril 1864.
Pothier, *T. des Oblig.*, n° 121.

Mais le maître ne peut écarter la responsabilité qui lui incombe, à raison d'un simple fait de son employé, si ce fait, en ce qui le concerne, est le résultat d'une faute. Donc lorsqu'un fait illicite a été accompli par un préposé, la responsabilité civile du commettant doit s'apprécier d'après la culpabilité de ce dernier, et non pas d'après celle de son commis.

Aussi, aux décisions que nous venons de citer, préférons-nous la jurisprudence de la Cour de Cassation, relative à la clause par laquelle l'armateur stipule qu'il ne répondra pas des fautes du capitaine et des gens de l'équipage. Plusieurs arrêts de la Chambre civile ont reconnu la validité de cette clause, et ont, en conséquence, écarté la responsabilité de l'armateur. (1) La Cour de Cassation Belge s'est également prononcée dans le même sens (2).

Et cependant, en pareille matière, on concevrait mieux qu'ailleurs une interprétation rigoureuse : les fautes du capitaine peuvent faire courir les plus graves dangers à la vie même des personnes. Toutes les précautions prises en vue d'éviter un pareil résultat se comprennent, et il est certain, que si l'armateur ne pouvait plus s'exonérer des conséquences des fautes de son capitaine, il le

(1) Cass. 14 mars1877 Sirey 1879. I. 423
Cass. 2 avril 1878 Sirey 1878. I. 292.
Cass. 23 juillet 1878. Sirey 1879. I. 423
Cass. 22 janvier 1884 Sirey 1884. I. 221.
(2) Cass. Belg. 12 novembre 1885. Sirey, 1887. IV. 9.

choisirait beaucoup plus soigneux. C'est pourquoi
certains auteurs refusent d'admettre la validité de
la clause dont nous nous occupons (1).

M. Lyon-Caen (2) estime au contraire qu'il n'y a
pas lieu de s'arrêter à ces considérations. Reve-
nant à son critérium favori, il admet comme
allant de soi la validité de la clause par laquelle
l'armateur s'exonére des conséquences des fautes
de son capitaine, par cela seul que l'article 353 du
Code du Commerce autorise l'assurance de la
baraterie de patron.

Quoiqu'il en soit, cette solution semblait généralement admise, bien que par des motifs différents. Aussi a-t-on été surpris de voir la Cour de
Cassation, par un arrêt récent, revenir sur son
ancienne jurisprudence, et assimiler dans tous les
cas, la faute du capitaine à la faute de l'armateur.
Dorénavant, pour la Cour suprême, la clause par
laquelle l'armateur cherche à éluder la responsabilité qui le frappe, à raison des fautes du capitaine
ne produit pas son plein et entier effet, elle a
simplement pour résultat, comme au cas où il
s'agit des propres fautes de l'armateur, de renver-
ser le fardeau de la preuve, et d'obliger le chargeur
à prouver l'existence d'une faute à la charge du
capitaine pour obtenir des dommages intérêts de
l'armateur.

Nous ne pensons pas, quant à nous, que cette

(1) Arthur Desjardins, Droit commercial maritime n° 276.
Laurin et Cresp. Dr. Maritime, Tome 1er p. 638 et suiv.
(2) Note précitée.

doctrine soit exacte ; elle est contraire aux principes que nous avons formulés. A notre sens, si l'acte
illicite qui donne lieu à notre responsabilité nous
est personnellement imputable à faute, nous
ne pouvons pas nous soustraire à la responsabilité qui nous incombe, au moyen d'une clause
de non-garantie dans toutes les autres hypothèses, nous le pouvons.

Telle est suivant nous, la distinction fondamen-
tale.

CHAPITRE III

Nous avons examiné quelle était la portée juridique des différents faits de nature à entraîner un dommage. Nous avons vu que certaines causes d'inexécution des obligations atteignent la responsabilité du débiteur, tandis que d'autres, au contraire, ont pour effet de le libérer. Mais l'application de ces principes n'est pas toujours facile, et, journellement, il se présente des hypothèses, dans lesquelles la cause même de l'inexécution des obligations échappe aux intéressés. Les difficultés de droit, sur lesquelles nous nous sommes expliqués, se trouvent donc compliquées par des difficultés de fait. On voit par là, comme le dit M. Sainctelette, que « les appareils juridiques, eux aussi, subissent l'action du frottement, et qu'en droit comme en toutes branches, les données de la science pure doivent être corrigées par de gros coefficients empruntés à la pratique ». Il ne suffit donc point que la cause d'un dommage existe, il faut que cette cause soit connue, pour qu'on puisse la juger suivant les principes établis. Or, il existe une foule de cas inexpliqués, et qui, malgré tous nos efforts, restent tels (1). Et cependant, le juge n'en est pas moins obligé de rendre sa sentence (2), il ne doit point s'abstenir de juger, quels que soient ses doutes. Les deux plaideurs se contentent de produire des affirmations contraires : à qui donner tort? à qui donner raison? Le problème serait insoluble si tous les deux étaient chargés de la preuve. Si, au contraire, ce fardeau n'incombe qu'à l'un des plaideurs, c'est lui qui dans le doute succombera. Aussi arrive-t-il que la charge de ces cas douteux suit le fardeau de la preuve. Dans un atelier, par exemple, un accident se produit, qui entraîne la mort d'un ouvrier ; la cause de cet accident reste inconnue ; il est dès lors impossible de dire si cette mort est le résultat d'un cas fortuit, ou si elle provient du fait ou de la faute du patron ou de l'ouvrier. Si, d'après la loi positive, c'est à l'ouvrier à prouver que la cause de l'accident provient du patron, il est certain, qu'en l'absence de preuve, ce dernier n'encourra aucune espèce de responsabilité, eut-il même commis un dol. Si, au contraire, c'est au patron à prouver que l'accident a sa cause dans le fait de l'ouvrier, en l'absence de preuve, le patron sera responsable, quand bien même l'ouvrier se serait volontairement donné la mort. On voit, au moyen de ce seul exemple, combien est grave la tâche du législateur chargé

---

(1) Quœdam sunt (res dubiæ) quœ nullo modo, nulla prœsumptione, explicari possunt. Doneau, Ad. tit. De rebus dubiis.

(2) Art. 4, C. Civ.

d'imposer le fardeau de la preuve à celui-ci où à celui-là.

La détermination théorique des causes de responsabilité peut donc, en fait, se trouver gravement modifiée par les règles relatives au fardeau de la preuve, chaque fois que la source du dommage n'est pas établie. Une obligation se trouvant en fait inexécutée, le créancier prétend que le débiteur est responsable ; le débiteur, au contraire, se prétend libéré. Ils allèguent l'un et l'autre que cette inexécution provient d'une cause qui leur est favorable. Lequel des deux va être obligé de prouver ce qu'il avance ? La réponse à cette question se trouve dans l'article 1315 du Code civil : « Celui qui réclame l'exécution d'une obligation doit la prouver ». Tel est le principe général, et ce principe est rationnel. L'homme, en effet, est né pour être libre, et doit normalement se trouver indépendant vis-à-vis de ses semblables. Car, ainsi que nous le disions au début de ce travail, il ne faut pas tenir compte ici des liens extra-juridiques que créent les devoirs de charité. L'état d'indépendance est bien de nature à faire supposer l'absence d'obligations dans le sens strict du mot. C'est pourquoi le législateur a été amené à considérer l'obligation comme un événement extraordinaire et de nature à contrarier cette indépendance naturelle dont nous venons de parler. Dès lors, il était légitime d'obliger celui qui allègue à son profit un droit contre autrui, d'en rapporter la preuve. Si le droit dérive de la loi, la preuve en est facile ; s'il dérive du

contrat, le créancier a pu se la ménager. Si le
droit provient du fait d'autrui, il faut avouer que
la preuve devient singulièrement plus difficile,
mais il nous semble encore rationnel d'appliquer
le même principe que dans les cas précédents. En
effet, nul ne doit être censé avoir attenté aux droits
d'autrui, ou autrement dit : la bonne foi se présume toujours.

Il est certain que ce système n'est pas parfait et
qu'il pourra entraîner des conséquences injustes,
mais il en produira moins fréquemment que tous
ceux que l'on pourrait lui substituer. D'abord le système contraire serait d'une impossibilité manifeste,
et cela à un point tel que nous ne prendrons même
pas la peine de le critiquer. On concevrait peut-
être à la rigueur que le fardeau de la preuve ne fût
pas imposé d'après des règles fixes, et que, dans
chaque procès, les tribunaux eussent le droit d'en
charger l'un ou l'autre des plaideurs, suivant les
circonstances de la cause, au moyen d'un jugement interlocutoire qui préjugerait, dans une certaine mesure, la question de savoir qui devra subir
la charge des cas douteux ; mais un pareil système
créerait trop d'abus et autoriserait l'arbitraire.
Aussi la règle de l'article 1315 nous paraît-elle devoir s'imposer. Cette règle est claire, elle est simple,
et, cependant, son application à notre matière de
la responsabilité a donné lieu aux controverses les
plus vives et aux débats les plus mouvementés, à
tel point que les Cours de justice, les Académies,
les Chambres législatives s'en préoccupent encore.

Notre but, en entreprenant ce travail, a été, sinon d'apaiser, du moins de déplacer la querelle, et
de démontrer que les difficultés les plus sérieuses
n'ont point trait à la charge de la preuve, mais au
plus ou moins d'étendue des différentes obligations.

Quand nous lisons les décisions judiciaires relatives aux dommages survenus sans cause connue,
nous voyons que la charge des cas douteux est
tantôt imposée au demandeur, tantôt au défendeur.
Quelle est la cause rationnelle de cette contradiction au moins apparente? M. Sainctelette prétend
nous dire quelle elle est, ou, plus exactement, quelle
elle doit être. Pour lui, toute difficulté se trouve
tranchée au moyen d'une simple distinction: le
dommage provient-il de l'inexécution d'une obligation contractuelle ou de l'inexécution d'une obligation légale ? Dans le premier cas, il y a lieu à
garantie ; dans le second, il y a lieu à responsabilité.
« Le droit français fait porter la charge des cas
douteux sur le créancier, s'il s'agit d'engagements
formés sans convention ; sur le débiteur, s'il s'agit
d'obligations conventionnelles. Intenter une action
en responsabilité, c'est entreprendre de désigner,
de définir et de vérifier la cause du dommage, à
péril, en cas d'échec, d'en supporter la charge.
Intenter une action en garantie, c'est, si l'on y est
recevable, contraindre l'adversaire à prendre cette
tâche et cette charge ». Car « les règles de la preuve
ne sont pas unes ». En cas de responsabilité, le
demandeur, s'il veut triompher, doit établir : « 1°

qu'une loi d'ordre public défend de faire telle chose ;
2° que cette loi a été enfreinte ; 3° que de cette infraction un dommage est né à son détriment particulier ; 4° que l'auteur de cette infraction est
bien la personne qu'il a attraite en justice ». Quant
à celui qui agit en garantie, il lui suffit de prouver trois choses : 1° qu'un contrat existe par lequel
il a stipulé que telle chose ne serait pas faite ; 2°
que ce contrat n'est pas exécuté ; 3° qu'un dommage résulte de cette inexécution ».

La différence, d'après M. Sainctelette, consiste-
rait donc en ceci : que la causalité de l'inexécution en la personne du débiteur, n'aurait pas
besoin d'être prouvée en matière contractuelle,
tandis qu'elle devrait toujours l'être au cas de
manquement à une obligation légale. Il ne faut
pas perdre de vue que c'est cet élément de preuve
qui est particulièrement onéreux pour celui qui
en a la charge.

Il est facile, en effet, d'établir l'existence de la loi
ou du contrat ; la quotité du dommage n'est, d'ordinaire, qu'une question de vérification matérielle ;
la difficulté sérieuse consiste donc à démontrer
quel est l'auteur du préjudice dont on se prétend
victime. M. Saintelette supprime cette difficulté
en matière contractuelle.

Sa doctrine a le mérite d'être claire et de
s'appuyer sur une distinction facile à saisir. Aussi
comprenons-nous qu'elle ait des adhérents, et
qu'elle ait révolutionné dans une certaine mesure
la jurisprudence Belge. Nous pouvons citer à

titre d'exemple, un jugement du tribunal de commerce de Bruxelles, duquel il résulte que, si l'ouvrier devient au cours de son travail victime d'un
accident, il a, contre son patron, l'action en garantie dérivant du contrat de louage de services,
« laquelle ne lui impose que la charge de prouver
l'existence de la convention et du dommage (1). »
Mais, fort heureusement, cette doctrine n'a point
séduit la Cour suprême de Belgique, ni même la
majorité des cours et des tribunaux. On a senti,
en effet, que cette doctrine n'était pas conforme à
la réalité des choses et que la distinction, sur laquelle elle reposait, était purement externe et
purement apparente ; qu'elle ne correspondait à
rien de réel. Il est, en effet, inexact que le créancier soit toujours obligé, en matière contractuelle,
de prouver l'inéxécution de l'obligation. D'autre
part il est également faux que « la désignation
individuelle de l'auteur du méfait, point péremp-
toire du procès, soit tout entière à faire, s'il s'agit
de responsabilité, » et qu'à l'inverse, « s'il s'agit de
garantie, cette désignation soit faite d'emblée et de
soi par le contrat. » Tout d'abord il n'est pas vrai
de dire, comme le fait M. Sainctelette, que le demandeur soit toujours obligé de prouver l'inexécution de l'obligation. Une telle solution semble, en
effet, étrange, surtout en matière contractuelle, en
présence des termes si nets de l'article 1315, 2° :

(1) T. de Com. de Bruxelles, 28 avril 1885. Belg. Jud.
1885, p. 571.

« Celui qui se prétend libéré, doit justifier le paiement ou le fait qui a produit l'extinction de son obligation. » Cette règle n'est que la réciproque du premier paragraphe du même article que nous avons déjà cité. Rationnellement, il est aussi logique de ne pas présumer la libération que de ne point présumer l'obligation. Car celui qui se prétend libéré a reconnu, ou a été obligé de reconnaître l'obligation originaire et est lui-même demandeur en exception. Il ne nie pas directement l'obligation, mais il prétend qu'elle a été paralysée par suite d'un fait libératoire qu'il allègue, et que la loi l'oblige à prouver. De même qu'on n'a pas cru le demandeur sur parole, quand il a prétendu que son adversaire était obligé, de même, on ne doit pas croire davantage le défendeur, quand il se prétend libéré. C'est pourquoi nous nous étonnons de voir qu'on impose au créancier la preuve de l'inexécution de l'obligation, même en matière contractuelle, alors que l'article 1315 se trouve placé sous cette rubrique : « Des contrats ou obligations conventionnelles en général. » Il résulte, en effet, des termes de cet article, que le créancier a accompli sa tâche, quand il a prouvé l'existence de l'obligation, qu'en conséquence cette preuve unique entraînera la condamnation du débiteur, si celui-ci ne prouve pas sa libération. D'ailleurs, M. Sainctelette le reconnait implicitement à la page suivante, quand il déclare « qu'en matière de garantie c'est l'extinction de la dette qu'il s'agit d'établir ». C'est

d'ailleurs en ce sens que s'est prononcé le jugement du tribunal de commerce de Bruxelles que
nous venons de citer. Mais en est-il toujours
ainsi, par cela seul qu'on se trouve en matière contractuelle? N'existe-t-il pas des cas dans lesquels le
créancier doit prouver l'inéxécution? Je suppose
qu'une personne se soit fait visiter et soigner par
un médecin ; le malade a promis des honoraires,
le médecin a promis ses soins. En vertu de l'article 1135 du Code civil, le contrat a eu certainement pour effet d'obliger ce dernier à tenir se-
crètes les observations qu'il a pu faire. On objectera peut-être que l'obligation au secret professionnel est inscrite dans l'article 378 du Code pénal
et qu'en conséquence il s'agit là, pour le médecin,
d'une obligation légale. Nous répondrons, qu'abstraction faite de cet article, la promesse de garder
le secret est contenue implicitement dans le contrat. Si nous parlions le langage de M. Sainctelette, nous dirions que nous sommes en matière
de garantie ; d'ailleurs l'éminent auteur lui-
même nous apprend qu'il n'en saurait être autrement, « quand bien même le dol du débiteur contractuel serait qualifié de délit par la loi pénale. »
Pour lui, il n'y a aucune contrariété entre l'action
contractuelle et l'action en réparation du dommage causé par un délit, et, dans chaque espèce
analogue, ces actions se présentent l'une et l'autre
au choix du créancier. Supposons maintenant
qu'en fait le secret ait été divulgué, et que le
public se trouve informé de l'état pathologique du

malade. Celui-ci va demander des dommages-intérêts au médecin. Quelle preuve aura-t-il à fournir? Suffira-t-il de prouver l'existence du contrat et celle du dommage, sans qu'il soit nécessaire de démontrer que le médecin n'a pas exécuté son obligation? Peut-on dire, avec M. Sainctelette, que c'est à ce dernier à prouver l'extinction de sa dette? Le bon sens le plus élémentaire suffit à faire répondre non. Certes, quand je vous ai promis un cheval, si, lors de votre réclamation en justice, je ne prouve point, soit que je vous ai livré le cheval, soit qu'il a péri par cas fortuit, il est légitime que je succombe et que je sois condamné à des dommages-intérêts. Mais, quand je vous ai promis de garder le silence, ne semble-t-il pas monstrueux de me condamner à des dommages-intérêts, par cela seul que l'obligation existe, sans qu'il soit même établi que j'y aie contrevenu, sans qu'il soit même démontré qu'en fait la divulgation du secret ait eu lieu? S'il semble juste de m'obliger à prouver la livraison du cheval ou sa perte fortuite, il paraît inique de m'obliger à prouver que j'ai gardé le silence quand on m'actionne pour révélation de secret.

On peut trouver en pratique une foule d'hypothèses analogues. Par exemple, en vous concédant le droit de chasser sur mes terres, je m'oblige en même temps, je suppose, à n'y point chasser. Peut-on soutenir sérieusement que je serai condamné à des dommages-intérêts, par cela seul que vous prouverez l'existence de mon obligation, si je n'arrive pas à démontrer que, depuis l'instant où je me suis obligé vis-à-vis de vous, je ne me suis jamais, ne fût-ce qu'un seul moment, livré sur mes terres à l'exercice de la chasse? Sans rechercher encore la raison juridique des différences que nous signalons, nous pouvons déjà déclarer qu'en matière contractuelle, le bon sens impose parfois au créancier la preuve de l'inexéeution de l'obligation.

Il n'est pas plus difficile de démontrer qu'à l'inverse cette preuve n'est pas toujours exigée en matières d'obligations légales. Nous allons prendre comme exemple une hypothèse sur laquelle une cour d'appel a été appelée à statuer récemment. Quand un usufruit légal vient à s'éteindre, si l'usufruitier ne restitue pas la chose grevée, à quelles conditions de preuve l'action du nu-propriétaire sera-t-elle subordonnée? Sera-t-il tenu de prouver que l'usufruitier ne lui a pas restitué la chose? Non certes ; il lui suffira d'établir l'obligation de restituer à la charge de l'usufruitier, attendu que, par application de l'article 1302 du Code civil, il convient de dire que l'usufruitier, obligé par la nature même de son droit à conserver la chose et à la restituer à la fin de sa jouissance, ne peut être dispensé de la restitution qu'il doit que par la preuve du cas fortuit qu'il allègue (1).

A notre sens, on aurait donc tort déjà d'affirmer

(1) Rouen 27 février 1886. Sirey 1886 II 230 et 231.

comme un principe général que le demandeur
doit toujours faire la preuve de l'inexécution de
l'obligation légale, et qu'il n'a jamais à prouver
l'inexécution de l'obligation contractuelle.

Maintenant, quand l'inexécution est prouvée
ou tenue pour telle, dans quelles conditions doit-
on prouver que le défendeur est l'auteur de cette
inexécution ? M. Sainctelette répond : le demandeur est tenu de faire cette preuve, en cas d'obligation légale parce que, dit-il, « cette désignation
n'est pas faite dans la loi et que ce peut être quiconque. » Au contraire il n'en est pas tenu, en cas
d'obligation contractuelle, « car dans le contrat,
ce ne peut être que le co-contractant». Telle est la
double proposition dont nous avons déjà nié
l'exactitude juridique.

La solution de cette difficulté est intimement
liée à celle de la précédente. Nous avons constaté
que le fardeau de la preuve de l'inexécution
matérielle de l'obligation n'était pas toujours
imposé suivant les règles proposées par l'auteur,
dont nous discutons la doctrine. Ainsi, en cas
d'extinction d'usufruit, nous avons dit, avec la
cour de Rouen, que la preuve seule de l'obligation
de restituer suffisait. Dans une semblable hypothèse, il va de soi que le demandeur n'a pas besoin
de prouver que son adversaire est l'auteur de
l'inexécution de l'obligation, puisqu'il n'a même
pas à prouver l'inexécution elle-même, c'est-à-dire
le défaut de livraison de la chose grevée.

A l'inverse, dans les hypothèses d'obligations

contractuelles que nous avons examinées, c'est-à-dire celles dans lesquelles le créancier doit faire la preuve de l'inexécution de l'obligation, il semble bien qu'il doive prouver en outre la causalité de l'inexécution dans la personne du défendeur. Ainsi, il ne suffit pas qu'un malade, pour obtenir des dommages-intérêts de son médecin, établisse la notoriété publique de son état morbide ; car la divulgation de ce secret peut provenir de toute autre personne que du médecin, et notamment du malade lui-même. En pareil cas, il est donc absolument faux de dire que la « désignation » de la personne responsable « soit faite d'emblée et de soi par le contrat. » Cette personne, en effet, peut être quelconque, et il est absolument inexact d'affirmer qu'elle « ne peut être que le co-contractant. »

De même, au cas de concession du droit de chasse. Par cela seul que vous prouvez qu'on a chassé sur mon terrain, il ne s'ensuit pas que ce soit moi qui ai chassé ; et, pour me faire condamner, vous serez obligé de prouver que je suis l'auteur de l'inexécution matérielle dont vous vous plaignez.

Il existe cependant une hypothèse voisine de celle-ci, dans laquelle la preuve de l'inexécution matérielle serait suffisante. La voici : je vous cède le droit de chasse sur mon terrain, comme dans un exemple précédent, et je m'interdis l'usage de ce droit ; mais je m'engage, en outre, à faire garder mes terres et à empêcher quiconque d'y

chasser. En pareil cas, il est certain que je serai
tenu de dommages-intérêts, chaque fois qu'une
personne, autre que le locataire de ma chasse,
aura chassé sur mon terrain.

C'est sans doute une hypothèse comme celle-ci
que M. Sainctelette avait en vue, lorsqu'il a posé ses
trois règles de preuve en matière contractuelle (1).
Pour le cas particulier qu'il envisage, ces règles
sont exactes; mais, avec le caractère général qu'il
prétend leur donner, elles ne le sont pas.

Nous avons déjà discuté théoriquement la
portée de la distinction des obligations en obligations légales et contractuelles, et nous venons de
constater, qu'au point de vue particulier du
fardeau de la preuve, elle est sans intérêt.

M. Lefebvre, après avoir renversé cette distinction, pose, comme règle de la preuve en matière
de Responsabilité, cette formule unique : Le
demandeur doit démontrer que sa demande est
fondée. Il suit de là, nous dit-il, que, lorsque le
contrat a pour objet un corps certain, la perte de
ce corps doit être subie par le propriétaire. De
plus, « si la chose périt pendant que le contrat lie
les parties... le contrat est rompu, cesse d'exister,
faute d'objet, car on ne conçoit pas un contrat
sans objet, un bail d'une maison qui n'existe pas;
il n'y a ni propriétaire locateur, ni maison louée,
ni preneur locataire; on n'est pas propriétaire, on

(1) Sainct. page 27. *Op. cit.*

n'est pas locataire du néant » (1). Cette décision,
comme le fait observer M. Labbé, rappelle le
temps où il y avait des contrats de droit strict (2)
et où le débiteur se trouvait libéré de l'obligation
contractuelle par la perte de la chose, même s'il
était en faute. « Le contrat a donc cessé d'exister,
dès que la chose a péri ; il n'a pu survivre, il n'a
pas survécu ; il ne peut plus produire aucun effet »
En vain, les partisans de l'obligation contractuelle
disent-ils que le contrat oblige le débiteur à remplir son obligation par équivalent, c'est-à-dire
au moyen d'une indemnité, s'il ne peut plus
l'exécuter d'après sa teneur première. M. Lefebvre
prétend que, pour obtenir gain de cause, le créancier devra prouver que son adversaire « a fait ce
qui lui était interdit par la loi, contrat général, ou
par la convention, loi particulière, ou bien qu'il
n'a pas fait ce que la loi ou le contrat l'obligeait à
faire. » Tel est le droit considéré « en dehors et au-
dessus des textes. » On pourrait résumer cette
doctrine dans la formule suivante : Ne pas exécuter un contrat, c'est commettre un quasi-délit,
c'est-à-dire une faute, car, pour le jurisconsulte
dont nous exposons la doctrine, il n'y a pas de
responsabilité sans faute, d'où il suit que c'est au
créancier à faire la preuve de la prestation de la
faute. Ce système, en effet, va directement contre
les articles 1315, 1147 et 1302. Il ne suffira plus, si

(1) Lefebvre, Rev. crit., *loc. cit.*

(2) Note de M. Labbé Sirey 1886 IV. p. 25 sous Cass. Belg.,
8 janvier 1886.

on veut le suivre, de prouver l'existence de l'obligation, mais il faudra encore prouver la non-
libération. Sans rechercher davantage, nous
pouvons conclure que M. Lefebvre n'apporte
pas une solution satisfaisante au problème que
nous nous sommes proposé.

Il y a lieu, à notre sens de faire une première
distinction, suivant que le créancier intente contre
son débiteur l'action résultant du lien de droit
initial engendré par la loi ou par le contrat, ou
bien qu'il réclame une indemnité à défaut d'une
solution régulière de ce lien de droit ; nous dirions
volontiers, suivant qu'il agit en garantie ou en
responsabilité, mais en entendant ces expressions
dans le sens que nous avons déjà indiqué, sens
qui diffère notablement de celui qui est adopté par
M. Sainctelette, car, pour nous, on se le rappelle,
il peut y avoir lieu à garantie et à responsabilité
en matière contractuelle, comme en matière
purement légale.

Nous allons donc rechercher en quoi consiste le
fardeau de la preuve à administrer en matière de
garantie, c'est-à-dire en cas de réclamation fondée
sur l'obligation initiale.

La solution de cette première hypothèse est
fort simple. Sans parler de responsabilité, le
créancier demandeur se prévaut uniquement de
l'engagement primaire qui lie son débiteur vis-à-
vis de lui. Il doit dans tous les cas en rapporter la
preuve. Que l'engagement provienne de la loi ou
d'un contrat, peu importe ; il faut à tout prix l'éta-

blir. S'il provient d'un fait de l'homme auquel la loi a accordé un pouvoir générateur d'obligations, ce fait doit être également prouvé. Tout cela n'est que la reproduction de l'article 1315. « Celui qui réclame l'exécution d'une obligation doit la prouver;» mais sa tâche se borne là. Cette preuve faite, le débiteur succombe, à moins qu'il ne prouve le paiement ou le fait qui a produit l'extinction de son obligation.

Il existe cependant une hypothèse, dans laquelle le fardeau de la preuve imposé au demandeur est plus onéreux. Cette hypothèse est celle dans laquelle l'exécution directe de l'obligation initiale se trouve, en fait, devenue impossible, sans que cependant, en droit, l'obligation ait cessé d'exister. Nous avons vu qu'en pareil cas, conformément à l'article 1136 du Code Civil, dont les termes visent expressément l'obligation de donner, mais dont la disposition doit être étendue à l'obligation de faire, le débiteur doit donner une satisfaction équivalente au créancier. Il doit payer en dommages intérêts. Le demandeur, en faisant la preuve de son obligation, a prouvé la cause, le principe des dommages-intérêts qu'il réclame; il reste à en prouver la quotité. Il est évident qu'en vertu des principes généraux c'est à lui qu'incombe la charge de cette preuve.

Cette solution n'est d'ailleurs contestée par personne.

Mais les divergences d'opinion se produisent quand, au lieu de la preuve de l'obligation, il s'agit

de la preuve de la responsabilité. Nous avons constaté déjà l'insuffisance des systèmes proposés. A
notre sens, on résout la difficulté au moyen d'une
distinction bien simple entre la responsabilité d'un
fait et la responsabilité d'une omission. Nous avons
déjà laissé entrevoir notre système en comparant
les obligations positives aux obligations négatives.
Nous avons vu que la responsabilité d'omission se
confondait avec l'obligation. La conclusion pratique que nous en tirons maintenant au point de vue
du fardeau de la preuve est celle-ci : En cas de responsabilité d'omission, le demandeur ne sera tenu
de prouver que l'obligation. Il n'aura pas à prouver
l'inexécution matérielle, ni la cause de cette inexécution dans la personne du débiteur. Mais il est
clair qu'il devra toujours établir le montant des
dommages-intérêts. A ces conditions, il est, en
effet, logique de considérer le débiteur comme responsable, tant qu'il ne fera pas la preuve de sa
libération. Peut-être a-t-il payé, peut-être a-t-il
livré la chose ou effectué le travail promis. Alors,
qu'il rapporte sa quittance. Celui qui se prétend
libéré doit le prouver. Peut-être encore la chose
due a-t-elle péri par cas fortuit, peut-être un cas
de force majeure a-t-il empêché l'accomplissement
du travail. Sans doute ; mais il n'y a là qu'un peut-
être ; au fond, nous n'en savons rien. L'article 1302,
comme l'article 1315, proclame que la libération
ne doit pas être présumée. Est-ce à dire que nous
présumerons la faute du débiteur ? Non certes ; ne
sachant rien, nous ne présumerons rien. Mais nous

14

savons que l'obligation existe ; par conséquent,
nous obligerons le débiteur à l'exécuter.

La loi et la raison s'accordent donc ici pour dis-
penser le créancier de prouver l'inexécution matérielle de son obligation. Cette obligation est répu-
tée inexécutée par cela seul que le débiteur ne
prouve pas qu'il en est autrement.

Quant à la causalité de l'inexécution dans la
personne du débiteur, elle se prouve d'elle-même
dans l'obligation positive. En effet, cette inexécution est une omission. La chose n'a pas été livrée,
le travail n'a pas été effectué. Voilà deux propo-
sitions absolues qui équivalent à celles-ci : Personne n'a livré la chose, personne n'a effectué
le travail. Donc il y a bien omission de la part
du débiteur. Donc la seule inexécution matérielle implique nécessairement dans les obligations positives la causalité de cette inexécution
dans la personne du débiteur. Nous pouvons
conclure qu'en matière d'obligations positives,
le débiteur est responsable par cela seul que le
créancier fait la preuve de l'obligation et de l'intérêt qu'il avait à ce qu'elle soit exécutée.

Mais lorsqu'il s'agit de responsabilité de commission, le fardeau de la preuve imposé au créancier paraît bien plus onéreux. Il ne lui suffit pas
d'établir l'existence de l'obligation contractuelle
ou légale de s'abstenir, pour imposer immédiatement au débiteur la preuve de l'accomplissement
de cette obligation. C'est qu'ici, en effet, il n'y a
aucune assimilation possible entre l'obligation et

la responsabilité. On ne saurait étendre à l'obligation négative le prescrit de l'article 1136 du Code Civil. D'ailleurs cette différence résulte nécessairement de la nature même des choses. Dans l'obligation positive, la prestation peut s'apprécier en argent, et l'on conçoit que le créancier réclame « *pretium pro re.* » Mais l'objet direct de l'obligation négative est le néant ; on ne saurait donc l'apprécier en argent. Aussi la seule chose qui soit susceptible d'une estimation pécuniaire, c'est le dommage causé par l'infraction à l'obligation négative. Le créancier ne peut donc agir qu'en s'appuyant sur cette infraction.

Il faut qu'il satisfasse aux prescriptions de l'article 1315. Il faut donc qu'il prouve d'abord l'obligation négative, pour démontrer que, soit d'une façon générale aux termes de la loi, soit relativement à lui et à son adversaire, aux termes d'un contrat, le fait sur lequel il prétend s'appuyer, a un caractère illicite. Il prouvera, ensuite, que le fait illicite a été accompli. C'est qu'en effet, les obligations négatives, sous leur forme primitive, ne sont pas des obligations formelles, mais des obligations virtuelles qui ont besoin du secours d'un fait ultérieur pour se réaliser, et qui jusque là, ne confèrent aucune action au créancier. Nous sommes moins obligés à ne pas faire qu'à réparer les conséquences du fait accompli au mépris de la prohibition. L'obligation négative n'est pas une obligation proprement dite, car on ne peut stipuler ni promettre le néant. Ce qu'en réalité on

appelle de ce nom, c'est une sorte d'obligation
conditionnelle, c'est l'obligation positive d'indemniser du préjudice né d'un fait, si on l'accomplit.
C'est ce qui explique la solution que nous avons
donnée, à savoir qu'il ne suffit pas au créancier de
démontrer que le débiteur est obligé à ne point
faire, car une pareille obligation n'implique pas
nécessairement l'existence de sa créance en réparation. Il faut, pour cela, une circonstance de
plus ; il faut la preuve de la condition à la réalisation de laquelle la naissance de l'obligation est
subordonnée. On ne peut être créancier d'une abstention ; on ne peut l'être que d'une prestation
positive. Il ne suffit donc pas de démontrer que
cette prestation est susceptible de devenir due,
il faut prouver qu'elle est due réellement. Or, à
quelles conditions cette preuve est-elle faite ? Le
bon sens seul suffit à répondre à cette question. Il
faut d'abord prouver que quelque chose a été fait
au mépris de l'obligation de ne pas faire. Ensuite,
il faut prouver que la personne assignée en justice
est l'auteur de cette commission. Car la seule inexécution matérielle n'implique pas nécessairement le fait personnel du débiteur ; d'ordinaire,
le dommage peut provenir de n'importe qui.
Voilà comment la situation du créancier d'une
obligation de ne pas faire, semble plus rigoureuse,
parce que ce créancier est obligé de prouver et
l'inexécution matérielle, et la cause de cette
inexécution. Mais ou verra que sa situation est
la même qu'au cas d'une obligation originaire-

ment positive, si l'on veut prendre la peine de remarquer qu'une obligation négative n'est pas, à proprement parler, une obligation véritable, mais bien plutôt le germe d'une obligation. L'obligation n'est parfaite que quand la condition à laquelle elle est subordonnée, s'est réalisée. Cette condition est la commission d'un fait prohibé. La prohibition du fait se résume à ceci : obligation de réparer les conséquences préjudiciables de ce fait, quand on l'aura commis. L'obligation de ne pas faire se résout en dommages-intérêts. Le créancier, qui veut les obtenir, doit, aux termes de l'article 1315, démontrer qu'ils sont dus.

Sous le bénéfice des observations qui précèdent, nous pouvons conclure que, pour triompher dans une demande en responsabilité résultant de l'inexécution d'une obligation positive, il suffit au créancier de prouver l'existence de son obligation. Il va sans dire que si l'existence de cette obligation est, de par la loi ou le contrat, subordonnée à la réalisation d'une condition quelconque, le créancier devra prouver l'avènement de la condition ; car l'article 1315 du Code Civil lui impose, non pas une demi-preuve, mais une preuve absolue. Les obligations positives naissent ordinairement parfaites de la loi ou du contrat ; accidentellement elles peuvent être affectées d'une condition.

Les obligations négatives au contraire naissent toujours imparfaites et incomplètes. Elles ne sont que virtuelles, elles ont toujours besoin d'un fait ultérieur du débiteur pour se réaliser.

Nous disons un fait du débiteur, car en général, on ne répond que de son propre fait ; mais, si l'on est obligé de répondre du fait d'autrui, la commission prohibée, effectuée par la personne dont on a à répondre, réalisera l'obligation. Enfin, si nous nous obligeons d'une façon absolue à garantir une abstention, la seule inexécution matérielle, quelle qu'en soit la cause, aura pour effet de nous obliger à en réparer les conséquences.

Nous admettons donc la formule suivante : Dans toute action en responsabilité, le créancier doit prouver : 1° l'existence de l'obligation, 2° la valeur pécuniaire de l'objet de l'obligation. Mais il ne faut pas perdre de vue que, si le premier élément de preuve à fournir peut être simple, quand il s'agit d'une obligation positive dès le début, elle est nécessairement complexe, quand il s'agit d'une obligation d'abord négative. Plus tard, au moyen d'exemples, nous mettrons en relief la portée du deuxième élément de preuve : le dommage. Nous pouvons faire remarquer, dès maintenant, que cet élément est complexe et se décompose de la façon suivante : Le créancier doit d'abord prouver que tel fait, au moins en ce qui concerne ses rapports avec son adversaire, a un caractère illicite ; que ce fait a été accompli, et qu'enfin il a été accompli par le défendeur.

Dans les obligations, quelles qu'elles soient, le créancier devra fournir la même preuve. Mais suivant la nature des obligations, cette preuve sera tantôt simple, tantôt multiple. Quand il s'agira d'une obligation conditionnelle, il faudra prouver et l'existence de l'acte générateur de cette obligation et la réalisation de la condition qui est essentielle pour la parfaire. Nous avons déjà fait remarquer que les obligations positives ne présentent que quelquefois un caractère conditionnel, tandis que les obligations négatives le présentent toujours. Donc, au point de vue de la preuve, la responsabilité née d'une omission diffère de la responsabilité née d'une commission de la façon suivante : Le créancier doit prouver l'acte de commission illicite, tandis qu'il n'a pas à prouver l'omission.

L'omission, c'est l'inexécution de l'obligation.

La commission, c'est le fait générateur de l'obligation. Or l'obligation seule, et non pas son inexécution doit être prouvée. L'obligation dite négative n'est que l'obligation positive conditionnelle, de réparer un fait illicite.

Nous avons jusqu'ici examiné quelles étaient les preuves à fournir par le créancier, qui, dans toute action en responsabilité, joue naturellement le rôle de demandeur. Nous avons supposé le défendeur purement passif, autrement dit, nous avons sous-entendu qu'il se contentait d'opposer des dénégations aux assertions de son adversaire, pour obliger celui-ci à les prouver. Mais, dans certains cas, il aura à quitter le rôle passif, pour riposter d'une façon directe. Quand la preuve de l'obligation sera faite, quand le demandeur aura satisfait aux exigences de l'article 1315, 1°, le défendeur,

pour éviter la condamnation, devra prouver
que si, à la vérité, il a été tenu de cette obligation,
il en est, depuis lors, libéré. Il excipera du paiement qu'il a pu effectuer, ou de l'impossibilité
d'exécuter son obligation par suite d'un cas fortuit
ou de force majeure. Il devra alors se conformer
au prescrit des articles 1315, 2° et 1302, 3°
« Le débiteur est tenu de prouver le cas fortuit
qu'il allègue ». Ce cas fortuit ne se présume
pas ; le débiteur doit l'établir et l'établir complète-
ment. Il n'aura pas satisfait à l'obligation de l'article
1302, lorsqu'il aura prouvé la survenance d'un fait,
qui est peut-être un cas fortuit, mais qui n'en est
peut-être pas un. Cette idée est d'ailleurs parfaitement mise en relief par les monuments de jurisprudence que nous avons cités au hasard dans
notre première partie. De même que le créancier
doit établir nettement sa créance, de même le débiteur doit démontrer d'une façon précise sa libération.

Maintenant est-il nécessaire que le débiteur
prouve, d'une façon directe, que l'inexécution de
son obligation tient à tel ou tel cas fortuit ou de
force majeure particulièrement déterminé ; tel
qu'un orage imprévu ou un tremblement de terre,
ou bien encore que le dommage provient d'une
tierce personne déterminée, du fait de laquelle il
n'a pas à répondre ? Lui suffit-il, au contraire,
d'établir qu'il est entièrement étranger à l'inexécution qu'on lui reproche, qu'il n'est pas la cause
du dommage dont on se prétend victime, sans

montrer toutefois quelle est précisément la cause
de ce dommage? En un mot, doit-il démontrer
d'une façon positive l'existence d'une cause étrangère, ou peut-il se contenter de prouver la cause
étrangère d'une façon purement négative? Sur
cette question les avis sont partagés.

On estime communément que c'est telle cause
étrangère, spéciale, déterminée, qu'il s'agit d'établir. Ainsi la Cour de cassation, dans l'hypothèse
de la responsabilité du locataire en cas d'incendie,
a décidé que ce dernier n'en pouvait être exonéré
que si la preuve par lui fournie aboutissait nécessairement à la démonstration directe et positive de
la cause de l'incendie (2). Le débiteur doit prouver,
d'après cette jurisprudence, que l'incendie a été
allumé par le feu du ciel, par exemple, ou qu'il
résulte de tel vice de construction qu'il précise, ou
qu'il a été communiqué par telle ou telle maison voisine qu'il indique. Sans critiquer la décision de cet
arrêt, on peut très-légitimement soutenir qu'il
donne une solution spéciale en vue d'une hypothèse
également spéciale et qu'il ne constitue, en aucune
façon, l'application du droit commun. L'article
1733, en effet, paraît être d'une rigueur particulière
contre le locataire en cas d'incendie. Il semble ins-
piré d'un fragment de Paul, bien souvent répété :
« *Incendium fit plerumque culpâ inhabitantium.* »
Le droit commun semble beaucoup moins strict,
même pour le locataire, quand il s'agit d'un dom-

(2) Cass. 16 août 1882. Sirey, 1884. I, 33.

mage provenant d'un fait autre que l'incendie.
L'article 1732, en effet, nous dit que le locataire
« répond des dégradations ou des pertes qui arrivent
pendant sa jouissance, à moins qu'il ne prouve
qu'elles ont eu lieu sans sa faute. » Il ressort bien
nettement de la simple rédaction de cet article que
le débiteur n'a la charge de prouver la cause étrangère que d'une façon purement négative, par simple voie de conséquence, en montrant uniquement
que la cause du dommage ne vient pas de lui.

Cette décision de la Cour suprême paraît encore
plus étrange, quand on lit la fin de l'article 1734,
dont la loi du 5 janvier 1883, n'a pas modifié la
rédaction. Aujourd'hui, s'il y a plusieurs locataires,
ous sont responsables de l'incendie proportion-
nellement à la valeur locative de la partie de l'im-
meuble qu'ils occupent, à moins qu'ils ne prouvent
que l'incendie a commencé dans l'habitation de
l'un d'eux, auquel cas celui-là est seul tenu, — *ou
que quelques uns ne prouvent que l'incendie n'a pu
commencer chez eux, auquel cas ceux-là n'en sont
pas tenus.* Il résulte nettement, en effet, des termes
de cet article que le législateur n'impose pas au
locataire, même en cas d'incendie, une preuve
positive de la cause étrangère.

C'est bien dans ce sens là, selon nous, que doit
être interprété l'article 1302. Nous lisons, en effet,
dans le premier alinéa : « Lorsque le corps certain
et déterminé qui était l'objet de l'obligation, vient
à périr, est mis hors du commerce, ou se perd de
manière qu'on en ignore absolument l'existence,

l'obligation est éteinte, si la chose a péri ou a été perdue sans la faute du débiteur et avant qu'il fut en demeure. » Le texte parait exiger simplement l'absence de faute ou de mise en demeure, mais nous avons vu que, dans l'esprit du législateur, cette disposition doit être interprétée en substituant le mot *fait* au mot *faute* dans sa rédaction. Donc, que faut-il pour que le débiteur soit libéré ? Il faut, tout simplement, que le dommage survenu ne lui soit pas imputable. Quand ce fait ne lui est pas imputable, c'est qu'il a sa cause autre part, c'est qu'il dérive d'un cas fortuit dans le sens large du mot. Alors, ajoute l'article, « Le débiteur est tenu de prouver le cas fortuit qu'il allègue. » Mais comment ? Peu importe ; comme bon lui semblera. Il est indifférent que l'accident provienne d'un coup du sort ou du dol d'un tiers. Ce qui est intéressant à connaître, c'est si, ou non il a sa cause dans la personne du débiteur.

Cependant, la Cour de cassation a jugé récemment que la responsabilité du propriétaire, à raison du préjudice causé par un animal, ne saurait être écartée, quand bien même le propriétaire n'aurait aucune imprudence, aucune faute à se reprocher, s'il ne démontre positivement l'existence de circonstances de nature à faire disparaître cette responsabilité (1). Telle est, du

(1) Cass., Ch. civ., 27 octobre 1885 ; Sirey, 1886, I, 33 et la note.

Voir dans le même sens, Paris, 23 février 1884, et note de M. Labbé. Sirey, 1886, II, 97.

moins, l'idée qu'il nous est permis d'induire des
termes de l'arrêt qui n'est pas aussi net ni aussi
explicite. M. Labbé pense également que le propriétaire est responsable, à moins qu'il ne prouve
directement le cas fortuit ou la faute de la victime. Il considère comme impraticable, en réalité,
la preuve de l'accomplissement de toutes les me-
sures commandées par la prudence. « L'absence
de faute est une négative indéfinie. » Aussi, pour
l'éminent jurisconsulte, on ne prouve réellement
la cause étrangère qu'en la montrant du doigt.
Nous ne croyons pas devoir accepter cette opinion
sans réserves. Tout d'abord, il y a certains cas de
force majeure qui, par leur nature même, ne sont
susceptibles d'aucune espèce de preuve directe.
Ainsi, un navire qui transportait des personnes et
des marchandises a entièrement disparu, corps et
biens. Tout l'équipage a péri à la suite d'une tem-
pête qui s'est élevée en pleine mer, sans qu'on en
ait rien appris sur le continent. Comment l'armateur prouvera-t-il directement le cas fortuit ? On
nous répondra peut-être : C'est là une conséquence fâcheuse du système, mais cette conséquence n'est pas injuste, si la preuve directe du
cas de force majeure est la seule façon de prouver
la cause étrangère. Soit, mais nous nions qu'il
en soit toujours ainsi. En effet, quand l'obligation
de veiller, de soigner, n'a duré que pendant une
période de temps relativement courte, il est pos-

Voir aussi Trib. de Bruxelles, 25 juin 1883. Pasic., 1883,
III, 297.

sible, en fait, que le débiteur puisse fournir la preuve de sa diligence continue. Soit un contrat de prêt à usage qui, nous le supposons, n'a duré que quelques heures. Pendant tout ce temps, différentes personnes ont pu se rendre compte de la diligence de l'emprunteur. Si celui-ci arrive à prouver que, pendant tous les instants de la durée de l'obligation, il s'est occupé de la chose avec toute la diligence voulue, il aura bien prouvé, quoique indirectement, que la chose a péri par suite d'un vice à elle propre ou, d'une manière plus générale, par suite d'une cause à lui étrangère. D'autre part, quand cette preuve ne sera pas possible, les juges pourront, dans certains cas, induire cette diligence continue par voie de simples présomptions. Ils pourront tenir compte, pour combler les lacunes, d'abord des preuves déjà faites de la diligence habituelle du débiteur, de son honorabilité, des circonstances de fait, s'il s'en présente de particulièrement favorables (1). L'article 1348 porte que les règles ordinaires de la preuve « reçoivent exception toutes les fois qu'il n'a pas été possible au créancier de se procurer une preuve littérale de l'obligation qui a été contractée envers lui ». N'en devons-nous pas dire autant du débiteur qui n'a pas pu se procurer une preuve littérale de sa libération ? Est-ce qu'aux yeux de la loi le créancier et le débiteur ne sont pas placés rigoureusement sur le même

____

(1) Argument tiré des articles 1348 et 1353 C. civ.

pied d'égalité ? Est-ce que le fardeau de la preuve de l'obligation n'est pas identique à celui de la preuve de la libération ?

Enfin, est-ce que, dans une semblable hypothèse, le juge ne pourra pas déférer le serment d'office au débiteur, s'il est digne de cette marque de confiance ? Est-ce que l'article 1367 (2) ne paraît pas précisément écrit pour un cas comme celui-ci ?

Notre conclusion est donc celle-ci : à savoir que s'il est permis se montrer rigoureux sur l'administration de cette preuve indirecte de la cause étrangère, on ne doit pas la proscrire absolument. En effet, cette preuve est possible, et, quand elle est fournie, elle est pleinement satisfactoire. Nous pourrions même aller plus loin et dire qu'une pareille preuve établit mieux la libération du débiteur que la preuve directe du cas fortuit. Car ce cas fortuit n'a peut-être pas été la cause unique du dommage ; il n'a peut-être produit des résultats funestes qu'à la suite d'une faute ou d'un fait illicite du débiteur. Le cas fortuit, qui va le libérer, n'est peut-être qu'un *casus culpâ determinatus*. Lors au contraire que le débiteur a prouvé sa diligence continue et incessante, le juge peut le renvoyer des fins de la poursuite, sans arrière-

(2) Art. 1367 : « Le juge ne peut déférer d'office le serment... que sous les deux conditions suivantes ; il faut : 1º que la demande ou l'exception ne soit pas pleinement justifiée ; 2º qu'elle ne soit pas totalement dénuée de preuves... »

pensée ; car son irresponsabilité est établie aussi solidement que possible. Il ne saurait y avoir de conviction juridique plus ferme que celle-là.

Voilà donc en quoi consiste cet article 1302 qui, pour tant de personnes, consacre une présomption de faute. Loin de créer une présomption, il ne fait qu'en interdire une, il ne fait que proclamer cette vérité déjà énoncée dans l'article 1315, deuxième alinéa : « La libération ne se présume pas. » Quand le demandeur a prouvé l'existence d'une obligation, il faut que, sous une forme ou sous une autre, le débiteur y satisfasse, s'il n'est point en état de prouver sa libération. L'article 1302 ne crée donc aucune présomption. Il ne fait, comme dit Sainctelette, que photographier le fait et l'ériger en droit. Il ne faut pas dire, avec M. Lefebvre, que cet article 1302 contienne une règle contraire aux vrais principes du droit. Il est inutile de chercher à l'excuser, en disant que, dans l'obligation de donner qu'il vise spécialement, il constitue un bon aménagement de la preuve. Il ne faut surtout pas dire qu'il doit se restreindre à l'obligation de donner. Non, sa disposition est générale ; elle s'applique à toutes les obligations.

Il est à peine besoin d'indiquer que nous entendons par là uniquement les obligations formelles. Il est évident, en effet, que l'article 1302 ne saurait s'appliquer aux obligations négatives, tant qu'elles demeurent sous cette forme première, car elles ne constituent guère alors qu'un lien de droit embryonnaire. Mais, quand l'acte de commission prohibé a été accompli et prouvé, c'est-à-dire quand le demandeur a démontré qu'il était créancier d'une obligation positive, l'article 1302 s'applique parfaitement, et si le défendeur prouve qu'en dehors de sa volonté, il a été entraîné par une puissance irrésistible à commettre le fait dont il devait s'abstenir, il échappera à toute condamnation. Sous réserve de cette observation, il est exact de dire que l'article 1302 a une portée absolue, qu'il s'applique à toutes les obligations possibles, tant contractuelles que légales, sans distinction.

Ainsi, on juge tous les jours en ce sens, que l'article 1302 dispense le créancier d'un corps certain de prouver que la perte de l'objet résulte du fait ou de la faute du débiteur, tandis qu'il oblige ce dernier à prouver que la cause de cette perte lui est étrangère (1). Le voiturier, qui ne restitue pas la marchandise dont il devait effectuer le transport, doit prouver, non seulement qu'elle a péri, mais encore qu'elle a péri par un cas purement fortuit impossible à prévenir (2). Il en est de même pour l'ouvrier à façon (3), le locataire (4), le dépositaire (5), etc., etc.

(1) Cass. 14 novembre 1853, Sirey, 1854. I, 676.
Bordeaux, 10 mai 1884. Sirey, 1884. 2, 198.
Cass. 3 juin 1874. Sirey, 1874. I, 444.
(2) Cass. 23 août 1858. Sirey, 1860. I, 984.
(3) Cass. 19 mai 1886. Sirey, 1886. I, 264
(4) Cass. 16 août 1882. Sirey, 1884. I, 33.
(5) Caen, 13 janvier 1886.

L'article 1302 s'applique encore à l'usufruitier légal au même titre qu'à l'usufruitier contractuel.

L'article 109 de la loi du 5 avril 1884 fait l'application des mêmes principes, aux cas de responsabilité quasi-délictuelle des communes, à raison des crimes ou délits commis à force ouverte ou par violence.

Enfin, l'article 1384 *in fine* édicte une disposition analogue, en ce qui concerne la responsabilité du fait d'autrui.

On voit, par les développements qui précèdent, quel immense intérêt il y a à distinguer une obligation positive d'une obligation négative.

Mais la détermination même du caractère d'une obligation n'est pas toujours facile, et les juristes sont loin d'être d'accord sur le caractère exact de certaines obligations. Les controverses s'élèvent surtout relativement à l'interprétation des contrats. Nous savons, en effet, que les conventions ont pour but de créer non seulement l'obligation ou les obligations principales que les parties ont eues en vue, mais « elles obligent encore à toutes les suites que l'équité, l'usage ou la loi, donnent à l'obligation, d'après sa nature » (1) Eh bien, la difficulté consiste précisément à savoir quelle est la limite des suites légales de l'obligation.

---

(1) Art. 1135. C. C. « Les conventions obligent non seulement à ce qui y est exprimé, mais encore à toutes les suites que l'équité, l'usage ou la loi donnent à l'obligation d'après sa nature. »

Les partisans de la distinction entre la responsabilité contractuelle et la responsabilité délictuelle interprétent l'article 1135 d'une façon excessivement large. Pour ces auteurs, le contrat a cette vertu singulière et tacite de transformer, parfois, en obligations positives les obligations purement négatives de l'article 1382.

Ainsi, par le contrat de louage de services, le patron est, dit-on, tenu de garantir la sécurité de l'ouvrier. Il n'aura donc pas seulement à l'indemniser du dommage qu'il pourra lui causer à la suite, par exemple, d'une contravention à l'article 1382, mais il est tenu de le protéger d'une façon efficace et d'assurer sa sécurité. De même que le locataire, à la fin de son bail, doit restituer la maison louée en bon état, de même le patron doit rendre ses ouvriers sains et saufs une fois le temps des services expiré (1).

Il ne nous semble pas que cette comparaison soit heureuse, car la situation de fait du locataire diffère notablement de celle du patron.

On conçoit à merveille l'obligation du locataire de restituer la maison en bon état, parce qu'il en a la libre disposition, parce que cette maison lui est soumise d'une façon absolument passive. La ruine de la maison ne saurait, en aucune manière, provenir du fait du bailleur. Elle résultera peut-être d'un cas fortuit ; mais, d'après les règles de notre législation, c'est toujours au débiteur qui

(1) Sauzet, *Rev. Crit.*, 1883, page 616.

l'allègue à en fournir la preuve. Elle proviendra peut-être d'un vice de construction, mais il est inadmissible qu'avant d'entrer en jouissance, le locataire n'ait pas fait constater ce vice. S'il veut s'en prévaloir après coup, il paraît juste de l'obliger à le prouver, comme il est juste de l'obliger à prouver le cas fortuit.

Dans le louage de services, au contraire, c'est la personne même du créancier qui est l'objet de l'obligation du patron. Or, il s'en faut de beaucoup que l'ouvrier soit entièrement soumis à l'autorité du patron. Malgré ce contrat de louage, il conserve, en droit et en fait, son indépendance absolue. Il ne reste point passif, il peut paralyser et rendre inutiles tous les soins pris par le patron en vue de sa sécurité.

L'imprudence et la mauvaise foi de l'ouvrier ne peuvent, en aucune façon, se comparer au vice propre de la chose, car la constatation préalable d'une pareille source de dangers échapperait même au psychologue le plus perspicace.

Aussi ne saurions-nous trop nous élever contre cette interprétation de l'article 1135 qui, en étendant outre mesure les suites de l'obligation, suppose aux contractants une volonté précisément contraire à celles qu'ils ont eue.

Cependant, certaines décisions judiciaires ont consacré cette doctrine. Ainsi, le tribunal de commerce de Bruxelles, adoptant la théorie de M. Sainctelette, a décidé que, quand un ouvrier devient au cours de son travail victime d'un accident, « il a contre son patron l'action en garantie dérivant du contrat de louage de services, laquelle ne lui impose que la charge de prouver l'existence de la convention et du dommage (1). »

Le tribunal de commerce de la Seine a rendu un jugement analogue, lorsqu'il a décidé que la Compagnie générale des voitures à Paris s'obligeait implicitement, en prenant la charge d'une personne, à la remettre saine et sauve à la destination indiquée (2). Il est impossible d'admettre que le voiturier soit tenu d'une pareille garantie vis-à-vis de son client. Il ne faut pas envisager le le contrat de transport de personnes comme le contrat de transport de choses. Il y a, en effet, les mêmes différences qu'entre le louage de services et le louage de choses.

Est-ce à dire maintenant, avec la jurisprudence française, que la responsabilité du voiturier comme celle du patron dérive uniquement des articles 1382 et suivants ? (3) Non certes, car il est hors de doute que le voiturier et le patron sont plus étroitement obligés envers les voyageurs et les ouvriers qu'ils ne le sont vis-à-vis de tiers quelconques en vertu de l'article 1382. D'ailleurs,

(1) T. de Com. de Brux., 28 Avril 1885. Belg. Jud., 1885, p. 574.

(2) T. de Com. Seine, 15 Avril, 1885. Droit du 17 juillet 1885, p. 684.

Sic Paris, 27 novembre 1866. Sirey, 1867, II, 320.

(3) Lyon, 13 décembre 1854. Dalloz 1855, II. 86.

Cass., 28 novembre 1884. Sirey, 1835, I, 129. Note de M. Lyon-Caen. Dalloz, 1885, I, 433. Note de M. Sarrut.

cette jurisprudence se condamne elle-même en
faisant découler des articles 1382 et suivants,
des obligations qui n'y sont pas contenues.

Ainsi, il est évident, quoiqu'en dise la Cour de
Rouen, que ces articles n'obligent pas le directeur
d'un établissement industriel à assurer aux ouvriers qui y sont employés, secours, protection,
sécurité et garantie, si, par des circonstances fa-
tales, même indépendantes de leur faute, la vie, la
sûreté, la santé des ouvriers, qu'ils emploient ou
qu'ils surveillent, venaient à être compromises (1).
Il est même fort douteux que l'obligation contractuelle aille jusque là. La Cour de Bruxelles commet
une exagération analogue, lorsqu'elle décide,
qu'en vertu de ces mêmes articles 1382 et suivants,
« le maître est incontestablement tenu de prendre
toutes les précautions nécessaires pour assurer,
autant que possible, la sécurité des ouvriers
qu'il emploie dans des chantiers dangereux (2). »

Il est, pour nous, hors de doute que l'article
1382, qui ne crée que des obligations négatives,
n'impose pas de pareilles obligations. Si le patron
et l'ouvrier, pour continuer les exemples que nous
avons choisis, sont tenus d'une responsabilité plus
étroite, c'est que certaines obligations, autres que
les obligations légales, leur sont imposées par suite
du contrat. Nous n'hésitons donc pas à reconnaître

(1) Rouen, 28 février 1868, Sirey, 1868, I, 298.
(2) Bruxelles, 29 juillet 1886. J. des Tribunaux 1886, p. 1383.

l'existence de la responsabilité contractuelle
mais nous prétendons seulement qu'elle ne va
pas aussi loin qu'on l'a soutenu. Le contrat de
louage de services et le contrat de transport ne
sont pas des contrats d'assurance. Ni le patron, ni
le voiturier ne doivent à l'ouvrier ou au voyageur
une sécurité absolue. Cette solution, que nous
croyons vraie, a été consacrée par un arrêt de la
Cour de Cassation Belge, d'après lequel, si, dans le
contrat de louage de services, le maître contracte
l'engagement de veiller à la sécurité de l'ouvrier
dans le travail auquel il l'emploie, il n'est pas tenu
de le garantir contre toute espèce de danger inhérent à ce travail, et que l'ouvrier connaissait, à
moins, dit l'arrêt, que l'accident ne soit dû à la
aute du patron (1). Il va sans dire que les rédac-
teurs de l'arrêt prennent ici le mot faute dans son
sens le plus général, et qu'ils entendent par cette
expression tout fait ou toute omission imputable
au patron.

Voilà le principe.

La Responsabilité du patron, comme celle du
voiturier, et, d'une façon plus générale, comme
celle de tout débiteur contractuel, n'est pas illi-
mitée, c'est certain. Maintenant, quant à préciser
la limite, ce n'est pas chose facile.

Il serait intéressant de rechercher quelles sont,
dans chaque contrat, les obligations accessoires
qui, d'après l'article 1135, viennent s'adjoindre à

____

(1) Cass. Belg., 8 janvier 1886, Sirey, IV, 24. Note de
M. Labbé.

l'obligation principale ; mais cette étude nous entraînerait en dehors de notre sujet. Nous nous bornerons simplement à faire remarquer qu'en ces matières, il faut surtout s'attacher à l'intention probable des parties. En dehors de toute indication précise, il faut s'en référer à l'usage qui peut varier de contrée à contrée, d'industrie à industrie.

Il semble donc que ce soit là une pure question de fait. Cependant, d'après l'article 1135, il faut également tenir compte des principes d'équité, et la recherche de ces principes paraît bien être une question de droit. Aussi, tout en reconnaissant la compétence exclusive des juges du fond, quand il s'agit d'apprécier soit l'intention des parties, soit l'usage des lieux où le contrat a été passé (1), nous ne pensons pas que l'appréciation des principes d'équité et des suites qu'ils doivent donner à une obligation, d'après sa nature..... rentre dans la mission exclusive des juges du fond (2). M. Dupin a dit : « Pour que la Cour suprême puisse contrôler les raisonnements judiciaires déférés à sa censure, il faut que la loi soit un des termes du syllogisme. » Sans doute, la solution que nous critiquons est, en apparence, conforme à cette formule, mais cette formule elle-même n'est exacte qu'autant que l'on comprend dans la loi, avec les

(1) Cass. 24 juillet 1860. Sirey, 1860. I, 857.
Cass. 11 février 1884. Sirey; 1885. I, 205.
(2) Cass. Belg. 8 janvier 1886 précité.

définitions explicites, les définitions implicites qu'elle présuppose (1).

Sans insister davantage sur l'interprétation de l'article 1135, nous croyons pouvoir affirmer, sans témérité, que le contrat de louage de services, pas plus que le contrat de transport de personnes, n'oblige les patrons et les voituriers à garantir la sécurité des ouvriers et des voyageurs. Il les oblige tout au plus à prendre toutes les précautions nécessaires en vue d'assurer leur sécurité. Il les oblige, en outre, à avoir constamment un outillage et un matériel perfectionnés et à faire en sorte que leur organisation soit irréprochable ; mais il ne les rend pas assureurs de tous les risques que peuvent subir leurs co-contractants.

Au point de vue de la preuve, la remarque a une importance considérable. Il ne suffira plus dès lors à l'ouvrier ou au voyageur de prouver le contrat et l'accident survenu pendant son exécution. La victime devra, dans tous les cas, prouver, d'abord, le contrat principal; démontrer, ensuite, que l'équité, l'usage ou la loi oblige le patron ou le voiturier à prendre tels ou tels soins, telles ou telles précautions. D'après les principes que nous avons exposés, on pourrait être tenté de croire que la preuve à fournir se borne là. Le demandeur prouve l'obligation ; au défendeur à prouver sa libération. Cependant, si nous approfondissons un peu, nous verrons qu'il

(1) Chénon : *De la Cassation*, n° 51.

est logique d'imposer au voyageur ou à l'ouvrier la preuve de l'omission des précautions que le voiturier ou le patron auraient dû prendre en vue de leur sécurité. En effet, plusieurs fois déjà nous avons cité le principe : Pas d'intérêt, pas d'action. Or, l'ouvrier ou le voyageur ont-ils intérêt à actionner le patron ou le voiturier à raison de l'inexécution des obligations accessoires qui leur sont imposées par le contrat ? Cela dépend. Si l'accident qu'ils ont subi résulte d'une omission de soins auxquels ils avaient droit, oui ; sinon, ils n'ont aucun intérêt. Ils devront donc, dans tous les cas, prouver que l'accident résulte de l'omission de soins dont ils se plaignent. Voilà pourquoi, d'une façon indirecte, ils seront dans la nécessité de prouver l'omission de ces précautions (1).

C'est pourquoi nous n'hésitons pas à adopter les solutions proposées par la jurisprudence française en ce qui concerne l'attribution du fardeau de la preuve dans les hypothèses que nous venons d'examiner, tout en reconnaissant que les cours et tribunaux se méprennent sur la source même de la responsabilité en cas de louage de services et de transport de personnes.

Nous avons terminé l'étude des règles de la preuve en ce qui concerne la Responsabilité du

(1) Nous pensons qu'il est possible de légitimer ainsi la distinction, présentée par M. Glasson, entre l'obligation principale de faire, et l'obligation de soigner, de faire avec diligence. Voir Glasson. op. citat.

débiteur à raison de son simple fait, c'est-à-dire quand ce fait n'implique en aucune manière la responsabilité de son auteur.

Nous avons vu que dans certains cas exceptionnels la faute est nécessaire pour engendrer la responsabilité. Nous allons rechercher si les règles de la preuve ne subissent pas alors le contre-coup de la modification du Droit.

Rappelons d'abord, en deux mots, que cette responsabilité diffère de la précédente, en ce que l'omission ou le fait imputés au débiteur résulte de sa faute ou de son dol. Il a négligé sciemment les intérêts de son créancier. Il a omis de prendre certains soins que la prudence lui suggérait de prendre, ou bien il a accompli certains actes, sachant qu'il pouvait y avoir danger à ne pas s'en abstenir.

Nous avons déjà critiqué l'opinion d'après laquelle, dans le cas de l'article 1302, la faute se présume. Cette erreur, au moins dans les cas où nous l'avons examinée, n'est guère que théorique, car pratiquement, au point de vue de l'existence même de la responsabilité, il importe peu qu'on la fasse dériver franchement d'un simple fait ou d'une faute présumée ; c'est toujours le même concours de faits qui produit le même effet de droit. Mais quand le fait non coupable n'est pas de nature à entraîner la responsabilité de son auteur, et quand la faute seule peut obliger ce dernier à réparer le préjudice causé, c'est une erreur à la fois pratique et théorique d'affirmer que la faute se présume.

Cette présomption qui, comme toutes les présomptions, est contraire au droit commun, n'est écrite nulle part. Il y a donc lieu d'appliquer l'article 1315 du Code civil qui oblige le créancier à rapporter la preuve de l'existence de son droit. Et, comme dans l'hypothèse dont nous nous occupons, il faut une circonstance de plus que de droit commun, le demandeur doit faire la preuve de cette circonstance. Il ne lui suffit plus de prouver l'obligation et l'inexécution personnelles au débiteur pour qu'on puisse imposer à ce dernier la réparation du préjudice. Il lui faut prouver, de plus, que cette inexécution personnelle est le résultat d'une faute.

Le créancier doit donc prouver la faute du débiteur.

La Cour de Cassation a d'ailleurs statué en ce sens dans les différents cas que nous avons signalés.

Nous avons constaté, dans notre deuxième partie, que la Cour suprême interprète comme clause d'irresponsabilité du simple fait les conventions par lesquelles les parties déclarent écarter toute responsabilité même à raison de leurs fautes. Le résultat de cette interprétation est d'aggraver pour le créancier le fardeau de la preuve. En pareil cas, il ne suffit pas de prouver l'obligation s'il s'agit d'une obligation positive; l'obligation et la contravention, s'il s'agit d'une obligation négative ; il faut en outre prouver la culpabilité du débiteur ; il faut prouver que l'omission ou la commission préjudiciable résulte de son imprudence ou de sa négligence consciente (1). La matérialité du fait accompli est, par elle-même et par elle seule, insuffisante à entraîner la responsabilité de son auteur. Il faut qu'à l'élément objectif du dommage vienne s'ajouter l'élément subjectif de la culpabilité.

La preuve est loin d'en être toujours aisée, car cet élément interne est presque insaisissable, et notre éminent maître M. Lyon-Caen a parfaitement raison, lorsqu'il fait remarquer qu'imposer la preuve de la faute au créancier équivaut parfois à décréter l'irresponsabilité du débiteur.

Cependant cette preuve n'est pas impossible, car si la culpabilité ne peut se prouver d'une façon immédiate et directe, elle peut être établie d'une façon médiate et indirecte au moyen de présomptions. La culpabilité du débiteur se manifestera par les faits eux-mêmes, et par le concours des circonstances dans lesquelles ils ont été accomplis. Il est des hypothèses nombreuses dans lesquelles l'existence d'une faute ne fait pas le moindre doute. C'est ainsi que devant les tribunaux répressifs, il est souvent facile d'établir la culpabilité des prévenus. En matière civile également, l'évidence de la faute résulte parfois du fait lui-même; dans d'autres cas, le demandeur en fait la preuve au moyen de présomptions. Enfin, parfois le défendeur échappe à toute condamnation,

____

(1) Voir chapitre II.

par suite de l'impossibilité où se trouve son adversaire de prouver le fait sur lequel il s'appuie.

Le fardeau de la preuve est d'autant plus lourd, que les conditions de la responsabilité sont plus nombreuses.

La preuve de la faute, comme toute espèce de preuve juridique, s'opère donc au moyen de présomptions.

Mais si l'on peut dire que la faute se présume, ce n'est pas dans le sens que nous avons critiqué en commentant l'article 1302. Nous ne parlons pas d'une présomption légale de faute, nous ne disons pas d'une manière générale et absolue, que l'inexécution d'une obligation implique la faute du débiteur. Nous prétendons simplement que dans certains cas l'omission ou la commission illicite peut constituer une présomption de fait de la culpabilité de son auteur. Mais, il n'en est pas moins vrai que si cette culpabilité n'est pas en outre, rendue probable par un ensemble de circonstances graves, précises et concordantes, il pourra y avoir doute sur l'existence même de la faute, ce qui, dans notre hypothèse, aura pour effet d'entraîner l'absolution du défendeur.

POSITIONS

POSITIONS PRISES DANS LA THÈSE

—

DROIT ROMAIN

I. Les différences faites entre la Responsabilité contractuelle et la Responsabilité délictuelle étaient arbitraires.

II. Il était en principe licite de s'exonérer de toute espèce de responsabilité, excepté en cas de dol et de faute lourde.

III. Quand une faute contractuelle avait été commise, le créancier pouvait obtenir réparation tant par l'action du contrat que par l'action *legis Aquiliæ*, si la faute contractuelle constituait en même temps une faute Aquilienne.

IV. La faute ne se présumait jamais.

DROIT FRANÇAIS

I. Il y a trois sources de responsabilité : le dol, la faute et le simple fait.

II. On ne peut s'exonérer de la responsabilité de son dol ni de celle de sa faute.

III. Au point de vue du fardeau de la preuve, il n'y a

aucune distinction à faire entre la Responsabilité contractuelle et la Responsabilité délictuelle.

IV. L'obligation négative n'engendre d'action au profit du créancier que quand le débiteur a accompli l'acte prohibé.

POSITIONS PRISES EN DEHORS DE LA THÈSE

DROIT ROMAIN

I. Le *jus antiquum* ne s'exerçait pas sur les *caduca*.

II. L'héritier conjoint *vervis tantùm* avec le défaillant était admis à l'exercice du *jus caduca vindicandi*.

III. En cas de constitution d'hypothèque de la chose d'autrui, le créancier n'avait d'action hypothécaire utile contre le débiteur devenu par la suite propriétaire, que s'il avait été de bonne foi.

IV. Le contrat *litteris* n'opérait pas novation.

DROIT CIVIL

I. On doit calculer par heures et non pas par jours les délais fixés par les présomptions des articles 312 et 315. C. civ.

II. La présomption d'interposition établie par l'article 1100 du Code civil à l'égard des enfants du conjoint du donateur n'a trait qu'aux enfants légitimes.

III. Il est impossible de donner une définition de l'ordre public.

IV. Il est licite de remplacer les formalités du partage

judiciaire édictées dans l'intérêt des mineurs par celle de la transaction.

DROIT PÉNAL

I. L'intention de nuire n'est pas nécessaire pour rendre punissable la révélation du secret professionnel.

II. Les juges d'instruction ont qualité pour saisir dans les bureaux de poste les lettres qu'il leur importe de connaître.

ENREGISTREMENT

I. La transaction qui ne contient qu'un partage de l'objet litigieux n'encourt jamais que le droit fixe.

II. La révocation de l'usufruit prononcée en vertu de l'article 618 du C. civ. est passible du droit de 2 %.

Vu par le président de la thèse :
A. LYON-CAEN.

Vu par le doyen :
Ch. BEUDANT.

Vu et permis d'imprimer,
LE VICE-RECTEUR
de l'Académie de Paris :
GRÉARD.

TABLE DES MATIÈRES

DROIT ROMAIN

		Pages
Chapitre I. — Du Principe de la Responsabilité. .		5
Chapitre II. — De l'Irresponsabilité conventionnelle.		26
Chapitre III. — Du Fardeau de la Preuve.		47

DROIT FRANÇAIS

Chapitre I. — Du Principe de la Responsabilité. .		77
Chapitre II. — De l'Irresponsabilité conventionnelle.		148
Chapitre III. — Du Fardeau de la Preuve.		192
Positions		239

IMPRIMERIE E. PIGELET, BOULEVARD VOLTAIRE, 189-191, PARIS